Eckhart Tolle escribió *El poder del ahora* como una guía para la realización personal, un libro que tiene el poder de cambiar nuestras vidas y de despertarnos de este falso sueño en que vivimos. Jorge Blaschke recrea los temas que el gran maestro puso entonces sobre la mesa —la conciencia, la superación del dolor, la necesidad de vivir el presente, la iluminación o la felicidad— y los desarrolla en toda su magnitud para ahondar en esa transformación necesaria en el género humano.

Emprenda en estas páginas un fascinante viaje en busca de la plenitud de la consciencia, redescubriendo a Tolle y el mensaje de sus obras: *El poder del ahora, Practicando el poder del ahora, El silencio habla* y *Un nuevo mundo, ahora*. Conozca también las influencias que han tenido sobre el maestro alemán otros grandes pensadores como George Ivanovich Gurdjieff, Charles Tart, Friedrich Perls, Carl Rogers, Abraham Maslow, Roberto Assagioli, Leonard Orr, Wilhelm Reich y muchos otros. Y, además, este libro le abrirá las puertas de ancestrales tradiciones como la sufí o la budista y le informará de las últimas teorías cuánticas o transpersonales, relacionadas con hallazgos en el campo de la física, la medicina y otras ciencias.

Esta obra le permitirá profundizar en sus emociones y relaciones, en conceptos como el dolor, el sufrimiento, el ego, la intuición, el optimismo, la meditación, la felicidad y la influencia de la capacidad de elección. El autor pretende que trascienda un secreto a voces: el gran poder que conlleva ser ahora. Un secreto que, una vez aprendido, le ayudará a centrarse en lo que realmente es importante en la vida y a conseguir esa anhelada paz interior que muchos envidian pero no todos se atreven a conquistar.

«Ser libre es estar disponible para responder a la llamada de la realidad interior.»
Henry D. Thoreau

«La felicidad se hace, no se halla. Brota del interior, no viene de fuera.»
Thomas Hardy

Más allá del *Ahora*

Barcelona - México
Buenos Aires

Más allá del *Ahora*

Jorge Blaschke

Un mensaje para superar el miedo y
vivir el presente en paz y armonía

UN SELLO DE EDICIONES ROBINBOOK
Indústria, 11 (Pol. Ind. Buvisa)
08329 - Teià (Barcelona)
e-mail: info@robinbook.com
www.robinbook.com

© 2009, Ediciones Robinbook, s. l., Barcelona

Producción y compaginación: DH Contenidos y Servicios Editoriales
Diseño de cubierta e interior: MARCAbIANCA

Fotografías interior y cubierta: © iStockPhoto: PMSI / Xaviarnau / W A Britten / Ekspansio / iceicebaby / chrisroll / FrankvandenBergh / srbeckle / DNY59 / nicoolay / Nikada / HultonArchive / diane555 / JanRoode / tomh1000 / Tsidvintsev / Vold77 / webphotographeer / NinaHenry / hidesy / IrinaKorshunova / Vlingva / Mlenny / clagge / sstop / JeremyMcNelley / joruba / AVTG / BjornRasmussen / JeffGrabert / amite / pjludlow / ImagineGolf / spooh / Vrender. MbEcble.

ISBN: 978-84-96746-51-0

Depósito legal: B-37.506-2010

Impreso por Egedsa, Rois de Corella 12-16, 08205 Sabadell (Barcelona)

Impreso en España - *Printed in Spain*

«Cualquier forma de reproducción, distribución, comunicación pública o transformación de esta obra solo puede ser realizada con la autorización de sus titulares, salvo excepción prevista por la ley. Diríjase a CEDRO (Centro Español de Derechos Reprográficos, www.cedro.org) si necesita fotocopiar o escanear algún fragmento de esta obra.»

«Todo es ilusión, salvo el presente.
Para estar presente, hay que interesarse más
en lo que nos rodea que en la imaginación.
Cuando uno se aferra al presente, la conciencia es divina.
Cuando estamos negativos y nos degradamos,
nuestro grado de conciencia es muy bajo.»

Robert Earl Burton, *El recuerdo de sí*

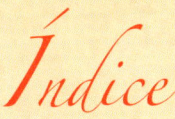

Índice

Introducción 10

Uno. El mundo de las emociones 13
Atrapados en las emociones 15
El conflicto entre las emociones descontroladas y la mente 17
Observar nuestras emociones 18
Emociones positivas y negativas 21
La breve lección del budismo 24

Dos. Dolor y sufrimiento 27
Conceptos de dolor y sufrimiento 29
El dolor del pasado 31
El dolor del presente 34
El dolor físico y la forma de vencerlo 35
La identificación del cuerpo con el dolor 38

Tres. Superando el miedo 45
El miedo, ese viajero que nos acompaña 47
El miedo según Assagioli 48
La química del miedo 51
Liberarse y vencer el miedo 52
El miedo a la enfermedad 55

Cuatro. El ego 61
El ego: el gran destructor con sus diferentes yoes 63
Resentimiento, envidia, quejas y rencores 66
Tener o no tener razón, ¿importa? 68
Villanos, víctimas, trepadores y unas cuantas ratas 71
La ilusión de la unidad 73
Ser más, no querer más 74

Cinco. Viviendo el eterno presente ... 77
- El aquí y ahora ... 79
- Vivir el presente, la vida consciente ... 80
- Ser, observar y vivir el presente ... 82
- Identificarse y vivir personajes ficticios ... 85
- La ilusión del tiempo: sólo existe el presente ... 88

Seis. Usa tu mente y triunfa ... 95
- Todos tenemos un poder interno ... 97
- Desarrollando nuestras facultades: beneficios y peligros ... 99
- Los niveles que vamos escalando ... 101
- La intuición, el conocimiento divino ... 104
- El sorprendente mundo de la intuición ... 107
- Sentir nuestras energías internas y externas ... 110

Siete. Conectando con el cuerpo interno ... 113
- Dirigiendo la atención hacia el cuerpo y escuchándolo ... 115
- ¿Qué te pide tu cuerpo? ... 117
- Observando las resistencias internas y desbloqueando traumas ... 118
- Todo está en ti y tú estas en todo ... 120
- ¡Transfórmate! ... 121
- Somos dioses ... 124

Ocho. Relacionándote con los demás ... 127
- Tu mundo y el mundo de los otros ... 129
- El arte de escuchar y superar la verborrea mental ... 130
- Huir de los lugares profanos y buscar lo creativo ... 132
- Amor y odio ... 134
- Algo sobre nuestras relaciones laborales ... 136
- Somos nosotros la causa de nuestros problemas ... 139
- La negatividad y sus consecuencias ... 140
- Una escala de valores y prioridades ... 142

Nueve. El mundo de la meditación y la soledad sagrada ... 145
- Meditación, soledad y silencio ... 147
- Soñar cada día lúcidamente ... 150

Contactar con la naturaleza y meditar 151
Meditando con las olas del mar 154
Meditando para conquistar nuestro espacio interior 156

Diez. ¿Dónde está la felicidad? **163**
¿Existe la felicidad? 165
La felicidad es efímera y el dinero un falso placebo 168
Liberándose de la infelicidad 169
La felicidad del aquí y ahora en el mundo de la meditación 173

Once. El poder de elegir **175**
Aceptando lo que hay 177
No se trata de cambiar el mundo, sino de cambiar uno mismo 178
El poderoso efecto de elegir 180
Huyendo de los viejos tópicos 181

Doce. Despertar del sueño **185**
Estamos dormidos, como dijo Gurdjieff 187
¿Cómo despertar? 190
Consejos y premisas para salir de este bendito sueño 192

Epílogo **197**

Apéndice I. ¿Quién es Eckhart Tolle? **202**
Apéndice II. Los libros de Eckhart Tolle **205**
Apéndice III. Los grandes maestros **208**

Bibliografía **213**

Introducción

Este libro está inspirado en el pensamiento y la obra de Eckhart Tolle, que a su vez se inspiró en maestros, psicólogos y terapeutas del siglo pasado como Bennett, Hartmann, Goleman, Gurdjieff, Maslow, Naranjo, Nicoll, Ornstein, Ouspensky, Shah y Tart, entre otros.

Con Tolle, como referencia moderna, se aborda una temática que sigue siendo de candente actualidad, una temática que se enfrenta a problemas psicológicos y de conciencia que aún no han sido superados.

Hoy en día, las teorías cuánticas aportan un nuevo enfoque, que encaja perfectamente con el pensamiento de Tolle. Un enfoque que insiste en la necesidad de profundizar en el ser humano por tratarse de algo mucho más complejo y cósmico de lo que se pensaba.

Todos los maestros, terapeutas y psicólogos que hemos citado representaron, con sus aportaciones, una importante evolución respecto a otros investigadores que compartieron su época. Ahora nos vemos obligados a insistir sobre los mismos temas que ya se abordaron en el siglo pasado para recordar, a las nuevas generaciones, que existe una línea de investigación que no podemos olvidar, y que ese camino o sendero hacia el conocimiento está más vigente que nunca, ya que nos encontramos en un mundo en plena evolución, un mundo que se enfrenta a nuevos paradigmas dentro de la medicina, la ciencia y las religiones. Un mundo en el que todo está cambiando a una velocidad cuántica y en el que se precisa, con más fuerza y ardor que nunca, entender por qué estamos en este mundo y qué representamos en el gran misterio cósmico. Respuesta que posiblemente no hallaremos fuera de nosotros, pero que puede que sí la obtengamos si miramos dentro de nuestra mente; puede que al conocernos mejor, al saber cómo somos y cómo actuamos, consigamos una aproximación que sí nos resulte válida.

Los siete sabios de Grecia ya insistieron en muchos de los puntos que se tratan en este libro. Así, Cleóbulo, *el Líndico*, nos alentaba a sobreponerse al placer; Solón, *el Ateniense*, nos decía que no hablásemos de lo que viéramos con los ojos, con intención de que utilizásemos todos nuestros sentidos; Quilón, *el Lacedemonio*, recordaba la necesidad de conocerse a nosotros mismos, algo en lo que insistiremos mucho a lo largo de este libro; Tales, *el Mileto*, ya recordaba lo difícil que es conocerse a uno mismo; Pítaco, *el Lesbio*, insistía en darse cuenta del momento oportuno, es decir, en la importancia de vivir el aquí y ahora; Bías, *el Prieneo*, decía que debíamos reflexionar sobre los hechos; y Periandro, el Corintio, nos alertaba sobre lo peligroso que es la precipitación.

Todos ellos enunciaron máximas que este libro abordará a la luz del pensamiento moderno. Será un largo recorrido que nos llevará desde las emociones que nos embargan y nos dominan hasta la necesidad de despertar de este bendito sueño en el que parecemos sumergidos. Capítulo por capítulo, haremos un recorrido a través de las diferentes afecciones que nos afligen, como el dolor y el sufrimiento, de los miedos que nos paralizan y del ego que se convierte en otro yo dentro de nosotros. Los nuevos paradigmas, es decir, las nuevas concepciones que tenemos del universo, del tiempo y de nosotros mismos nos obligan a insistir en la necesidad de vivir el presente y de ser conscientes de que estamos aquí y existimos; algo que muchas personas creen experimentar encontrándose, sin embargo, muy lejos de esa realidad, convertidos en auténticos autómatas.

El nuevo paradigma cuántico, especialmente en el mundo de la neurología, nos brinda la posibilidad de superar muchas barreras que antes se situaban en el mundo de lo paranormal. Nuestro cerebro evoluciona y podemos desarrollar unas facultades que nos convierten, día a día, en seres superiores. Sin embargo, para conseguir este crecimiento mental, esas nuevas facultades, tenemos que trabajar conectando con nuestro cuerpo interno, transformándonos nosotros mismos y cambiando nuestras relaciones con el entorno y con la gente que nos rodea. La meditación en soledad puede llevarnos a un nuevo tipo de felicidad, a una capacidad de elección mucho mayor y, como insiste Tolle, a despertar, a adquirir conciencia de nosotros mismos y del gran potencial mental y energético que albergamos.

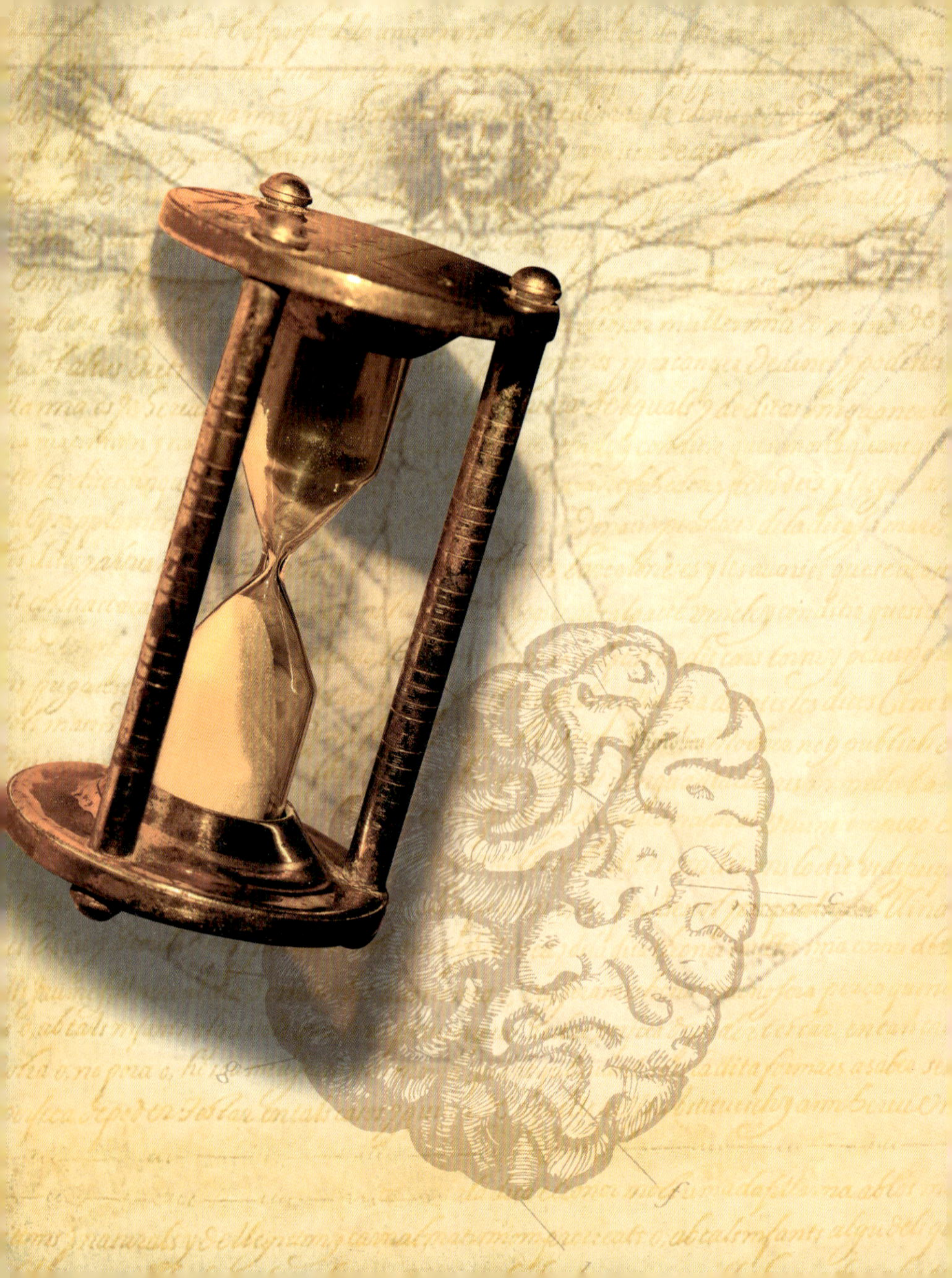

# 1.

El mundo
de las emociones

Atrapados en las emociones

Sabemos positivamente que las emociones producen cambios en la bioquímica corporal, cambios debidos a que en nuestro cerebro se desatan sustancias endógenas que alteran todo nuestro cuerpo. Una emoción es capaz de sonrojarnos, ponernos la piel de gallina, hacernos saltar las lágrimas o hacernos reír. Pueden hacernos dudar o fracasar en nuestras decisiones. Pueden provocarnos sudoraciones o fríos polares; y puede llevarnos a malinterpretar peligrosamente los hechos que nos rodean.

Las emociones nos atrapan dentro de una situación que, en ocasiones, es extremadamente peligrosa para nuestra conducta, para nuestras decisiones y nuestro comportamiento.

«Las emociones fuertes pueden llegar a producir cambios en la bioquímica corporal.»

Eckhart Tolle (autor y maestro espiritual)

Generalmente, los seres humanos vivimos atrapados en las emociones, somos víctimas de ellas y reaccionamos impulsados por ellas. No es nueva la certeza de que las emociones determinan nuestros actos, en ocasiones actos desastrosos. A pesar de ello, seguimos atrapados por las emociones pese a que numerosos especialistas nos han advertido de esta circunstancia. Desde los textos más antiguos de la historia humana hasta las modernas teorías de la psicología transpersonal o evolutiva, se nos induce a reconocer nuestras emociones y a no dejar que nos dominen.

Las emociones son un concepto que aparece en los antiguos textos de la India, los Upanishad, en los textos budistas, en maestros como Gurdjieff, en toda la psicología moderna, en Eckhart Tolle y en obras fundamentales como *Inteligencia emocional*, del psicólogo Daniel Goleman.

«Las emociones son la causa de los fracasos de la inteligencia. Las emociones se vuelven irracionales cuando se adueñan, no sólo del corazón, sino de toda la mente humana.»

José Antonio Marina, *La inteligencia fracasada*

Sobre Goleman cabe destacar que insiste en cinco puntos fundamentales que han sido base de muchos trabajos e investigaciones. Goleman destaca, como primer punto, la necesidad del conocimiento de las propias emociones, la importancia y capacidad de reconocerlas en el mismo momento en que aparecen. En segundo lugar, destaca la capacidad de controlar las emociones y adecuarlas al momento, es decir, dominarlas sin dejarnos llevar por ellas. En tercer lugar, señala la capacidad de motivarse uno mismo, es decir, mantener la atención, la motivación y la creatividad. En cuarto lugar, hace referencia al reconocimiento de las emociones ajenas, que indican las necesidades y los problemas de los demás. Y finalmente, centra su atención en el control de las relaciones, en el arte de relacionarse con las emociones ajenas.

En resumen, Goleman estudia el arte inteligente de reconocer las propias emociones, dominándolas sin que ellas nos dominen, y de entender las emociones de los demás.

El conflicto entre las emociones descontroladas y la mente

Se dice que las emociones son una de las afecciones del alma y que irrumpen en nosotros violentamente por un estímulo fuerte que puede ser interno, un pensamiento, o externo, algo que llega a nuestros sentidos. En ambos casos, produce una reacción psicológica difícil de dominar que nos confunde y agita nuestro ánimo.

Cada vez que una emoción nos invade se produce un conflicto entre esta y nuestra mente. No importa que la emoción sea positiva o negativa, el conflicto surge en ambos casos. Si, por ejemplo, vemos una escena real o en una película que nos inunda los ojos de lágrimas, nuestra mente, más racional, se ve confundida por aquella situación y trata de buscar una explicación a ese suceso que no controla. En ocasiones, la emoción se produce por una situación de pánico; en ese caso, nuestro cerebro se ve necesitado de suministrar sustancias endógenas que contrarresten ese temor y nos permitan huir y sobrevivir. En cualquier caso, algo nos confunde y nos agita.

«En un alma absolutamente libre de pensamientos y emociones, ni siquiera los tigres encuentran lugar donde hincar sus garras.»

Waka de la escuela de esgrima Shinkage-ryu (Japón, época medieval)

A lo largo de este libro insistiremos en la importancia que tiene dominar nuestra mente y, en consecuencia, identificar nuestras emociones y controlarlas. Aplicar los puntos primero y segundo que Goleman refiere en su tratado Inteligencia emocional, es decir, la importancia y capacidad de reconocer las emociones en el mismo momento en que aparecen, y la capacidad de controlar las emociones y de adecuarlas al momento, con el objetivo de dominarlas sin dejarnos llevar por ellas.

Observar nuestras emociones

Para controlar las emociones, debemos observarlas; saber por qué ha surgido una emoción en concreto, sea positiva o negativa; buscar el motivo que la ha provocado; identificar no sólo la emoción, sino también sus causas. Sólo a través de ese proceso podremos llegar a dominarlas, a ser nosotros los que tengamos el control, en vez de sentirnos dominados por ellas.

Esto no debe interpretarse como que no es positivo tener emociones, eso sería convertirnos en robots o autómatas, pero tampoco debemos convertirnos en una marioneta en manos de nuestras emociones, un muñeco zarandeado que llora, se sonroja, sale corriendo o se queda extasiado.

«Observar nuestras emociones es tan importante como observar nuestros pensamientos.»

Eckhart Tolle

Vamos a ver a continuación cómo podemos identificar nuestras emociones y cómo debemos tratarlas. Pero antes sepamos algo elemental sobre nuestro cerebro, con el fin de conocer en qué parte de él se producen.

Nuestro cerebro está dividido en dos hemisferios, el derecho y el izquierdo. El derecho domina la parte izquierda de nuestro cuerpo; el izquierdo, la parte derecha. En cuanto a las funciones de cada uno de estos dos hemisferios, es sabido que en el hemisferio izquierdo predomina nuestro pensamiento analítico, la lógica, la capacidad verbal, la comprensión lingüística y las matemáticas; en el hemisferio derecho recae la orientación espacial, el esfuerzo artístico,

la imaginación, y las emociones, como la ira y la tristeza. Se cree que el hemisferio izquierdo es más instintivo, y que el derecho es más intuitivo. También se cree que los hombres trabajan más con el hemisferio izquierdo, frente a las mujeres, que lo harían con el derecho, por lo que serían más emocionales. Pero no creamos que es una ventaja trabajar más con el izquierdo, ya que, al hacerlo, se pierde la capacidad de la intuición y la calidad sentimental y emocional de la vida, cualidades positivas siempre y cuando sepamos dominarlas.

«Se considera que el sentimentalismo empalagoso ayuda a impedir la comprensión de las cosas superiores.»

Idries Shah, *Un escorpión perfumado*

Cuando seamos asaltados por un estado emocional, que posiblemente provendrá del hemisferio derecho, deberemos dominarlo inmediatamente o, por lo menos, identificarlo para que no nos induzca a cometer errores o para que no haga fracasar nuestra inteligencia, como dice el filósofo y pedagogo José Antonio Marina.

Identificaremos una emoción por sus efectos fisiológicos. Dependiendo de las circunstancias, la emoción puede producir rubor, sudoración, alteración del ritmo cardiaco, temblores, aumento del ritmo respiratorio, tics nerviosos, parálisis o confusión mental.

Ante estas situaciones, sabremos que estamos siendo víctimas de una emoción, que puede trastornar nuestros propósitos y que la debemos intentar dominar cuanto antes para impedir que nos paralice mentalmente. Para ello, es aconsejable alejarse del motivo de la emoción, darnos cuenta de que se trata de algo que no durará siempre, por lo que su aparición no debe asustarnos. Dominada esta primera situación, debemos identificar la causa de la emoción, saber qué es lo que la ha producido, qué pensamientos han influido, qué sentimientos han intervenido, qué recuerdos han sido los detonantes y por qué nos ha afectado. En definitiva, aprender de ella.

«... construirás tu propia cárcel, una cárcel de emociones. Cuando te halles en esta cárcel, te herirás con los barrotes que tú mismo has colocado.»

Hadrat-i-Paghman (maestro sufí)

Emociones positivas y negativas

Ya hemos destacado que las emociones pueden ser positivas y negativas. Una emoción positiva puede desencadenar alegría, risa, regocijo..., una serie de circunstancias que no son negativas siempre y cuando no nos lleven a estados histriónicos; todo tiene un límite. La risa es sana; dice Lee Lozowick[1] que mientras ríes no estás pensando en tus conflictos, quedas liberado de ellos. Un momento de risa es un momento de libertad. Es indudable que un acto tan sencillo como reír nos aleja de otros conflictos interiores que nos preocupan y nos acechan. La risa está desencadena por el humor, y este se produce siempre en contextos inteligentes; y si hay inteligencia, significa que las emociones no la han reducido ni la han hecho fracasar.

También las emociones positivas nos llevan ha estados de éxtasis y felicidad. Ellas son las que producen un estado de calma interna, una alegría sutil muy intensa. Este tipo de emociones pueden generarse por la contemplación de algo de gran belleza, un amanecer a orillas del mar, una obra de arte, etc.; también por la experiencia de algo maravilloso, como el nacimiento de un hijo o la misma creación de la vida animal. En cualquier caso, pese a ser emociones positivas entrañables, debemos identificarlas, saber qué es exactamente lo que nos ha producido aquel estallido de emoción. Tenemos que considerar que las emociones siempre son sujetivas. Aquel cuadro que tanto nos ha emocionado puede resultar indiferente para otra persona, incluso causarle rechazo y, por tan-

---

[1] Músico místico de la tradición baul de la India.

to, una emoción negativa. Por esta razón, si queremos dominar las emociones, hay que comenzar por identificarlas, hay que averiguar su causa, saber por qué a nosotros aquella pintura nos ha causado tanta emoción... Si la analizamos fríamente, descubriremos que puede deberse a la combinación de colores, o al paisaje representado, o a algún motivo que nos evoca un recuerdo infantil o de algo divertido.

Ante las emociones negativas, nuestra necesidad de identificarlas y conocer su causa se hace más perentoria, por el hecho de que este tipo de emociones pueden afectar a nuestro comportamiento, confundirnos, inducirnos a tomar decisiones erróneas.

«Ves como un drama lo que es sólo un momento natural de tu evolución.»

Tom Heckel (psicólogo de la escuela Gestalt)

Las emociones negativas, como las positivas, tienen la ventaja de que no duran siempre, por lo que nos permiten reaccionar y no ser víctimas de un estado que nos puede conducir a situaciones muy graves. Un sonrojo puede ser algo momentáneo, como unas lágrimas o un ataque de ira, pero si lo identificamos desde el primer momento, conseguiremos dominar la emoción y dominarnos a nosotros mismos, porque habremos conseguido controlar nuestro cerebro, evitando que se desencadenen sustancias químicas mensajeras que alteren nuestro cuerpo. Si la emoción negativa dura mucho tiempo, caemos en la depresión, la neurastenia y la enfermedad. El consejo es siempre buscar el lado positivo de las cosas, transformar en positiva la emoción para evitar que la química de nuestro cuerpo se altere, para evitar que los anticuerpos se debiliten y que fracasemos psicológicamente y fisiológicamente.

«Una de las causas de la depresión es la evolución negativa de uno mismo.»

Kenneth Kendler (profesor de psiquiatría y genética)

No hay que quedarse atrapado en las emociones más que en la propia mente. La mente es la que desencadena las emociones, pero también es el órgano capaz de regularlas, optimizarlas, dominarlas y utilizarlas.

Cuando somos víctimas de las emociones, nos exponemos también a ser víctimas de los demás. Una parte importante de las personas que conocemos se valen de nuestras emociones para utilizarnos, para conocer nuestras debilidades y aprovecharse de ellas. Incluso la publicidad utiliza las emociones humanas para vender sus productos, para provocarnos estados de falso bienestar a través de sus engañosas campañas.

¿Es ético utilizar las emociones de los demás? Indudablemente, no. No podemos evitar estar ante personas que se han emocionado por algo que les hemos dicho o que estábamos viendo. ¿Debemos aprovecharnos? Por supuesto que no; lo que debemos hacer es identificar también las emociones de los demás y ayudarlos en aquellas circunstancias en que ellos mismos no pueden contenerse. Esta es la actitud ética, no utilizar los estados emocionales de los demás en nuestro beneficio, sino valernos de ellos para comprender mejor a la persona que tenemos delante. Un padre puede querer mucho a su hijo o a su mujer, pero debe intentar también entenderlos, saber por qué han tomado la decisión de llevar a cabo determinadas acciones, y eso sólo lo conseguirá comprendiendo sus estados emocionales, jamás utilizándolos.

La breve lección del budismo

El budismo es una tradición de pensamiento que se inició hace más de 2.500 años. Más que a una religión se asemeja a una filosofía, aunque existen diferentes ramas de budismo, algunas con más componentes religiosos que las otras. En esencia, el budismo aporta un pensamiento psicológico que, aplicado al ser humano, nos libraría de muchos problemas relacionados con las emociones.

> «Así como la lluvia penetra en una casa mal techada, de la misma manera, las pasiones dominan a aquel cuya mente es indolente.»
>
> **Proverbio budista**

Buda destaca que el dolor o el sufrimiento surgen del deseo o el anhelo, y que, para librarnos del dolor, tenemos que cortar los lazos del deseo. En muchas ocasiones, las emociones están provocadas por nuestros deseos, este sería el caso de la envidia. Vemos un coche que nos parece fantástico y envidiamos tenerlo y, al no poderlo conseguir, se desata en nosotros frustración, dolor y negativismo.

Buda enunció cuatro nobles verdades: Dukkha, vivir es sufrir; Samudaya, el deseo o los anhelos provocan sufrimiento; Nirodha, la liberación del deseo conduce al fin del sufrimiento; Magga, la liberación se puede lograr siguiendo los ocho buenos caminos del budismo, basados en la confianza, la conducta ética y la meditación. Los ocho caminos son: la creencia correcta, la actitud correcta, la palabra correcta, al acto corporal correcto, el medio de vida correcto, el esfuerzo correcto, la autoconciencia correcta y la meditación correcta.

Puesto que ya sabemos que una buena calidad de vida consiste en tener una actitud positiva, un dominio de las emociones y, en consecuencia, de la química corporal, y en vivir sin alterarnos excesivamente y con una buena dosis de interacción social, cualquier psicólogo actual podría darnos unos consejos parecidos a los ocho anteriores, recomendándonos que potenciemos nuestra autoestima y confianza, desechemos nuestros deseos, escojamos un medio de vida basado en la calidad y no en la cantidad, y, sobre todo, seamos capaces de albergar una mayor comprensión de nosotros mismos y de nuestras emociones.

Este es el consejo fundamental de Eckhart Tolle y de la mayor parte de los psicólogos modernos, dominar las emociones y disfrutar de ellas, sin que su interacción afecte a nuestras decisiones y a nuestro intelecto. Para conseguirlo, sólo hay que saber por qué aparecen, identificar sus causas y comprender sus más profundos sentidos.

2. Dolor y sufrimiento

Conceptos de dolor y sufrimiento

El sufrimiento es el soporte del dolor. A veces confundimos sufrimiento con dolor. Aquí nos referiremos a un dolor causado por el sufrimiento, un dolor que no es origen de una herida o enfermedad, pero que puede ser tan doloroso en nuestro interior como cualquier mal.

El sufrimiento es un concepto mental tan fuerte que ha veces se transforma en dolor. Así, en ocasiones sufrimos por la pérdida de una persona, o por el desaire de un amor..., y este sufrimiento nos mueve las entrañas, nos produce ahogo, se convierte en dolor en nuestro estómago o en nuestra cabeza. El sufrimiento es un desencadenante del dolor, y se desata cuando una situación deseada se ha perdido o cuando una situación vivida la percibimos de manera angustiosa.

«El sufrimiento comienza cuando nombras o etiquetas mentalmente una situación como mala o indeseable.»

Eckhart Tolle

El sufrimiento sólo duele porque lo tenemos, porque nos quejamos de él, porque lo evitamos. La única forma de salir del sufrimiento es pasando a través de él.

Una de las causas del sufrimiento es la catalogación dualista que hemos hecho los occidentales de la vida. El dualismo nos lleva a interpretar que todo lo que no es bueno es malo, que hay dos imágenes la del bien y la del mal.

«... la dualidad no es sino ilusión, ya que la no-dualidad es la suprema realidad.»

Mandukya Upanishad

La sociedad dualista es una herencia religiosa, fue Zoroastro o Zaratustra quien en su religión, iniciada en Afganistán y, posiblemente, la más antigua del mundo, con 2.600 años de antigüedad, nos inculca una visión del mundo en la que existe una lucha entre el bien y el mal, dos fuerzas o principios opuestos que actúan en conflicto y oposición sobre la marcha del universo. A partir de ese dualismo se ha desarrollado el pensamiento occidental, mientras que algunos países de Oriente han mantenido su oposición al dualismo, al considerarlo inexistente, destacando la teoría de que en el mismo momento en que decimos que algo es bello estamos creando también lo feo. En realidad en una sociedad no dualista no hay cosas buenas ni malas, las cosas son, las cosas están ahí sin etiquetas, y, por tanto, sin sufrimiento.

Como bien explicaba el psicólogo veneciano Assagioli, mientras sigamos considerando el sufrimiento como un mal, como algo injusto, cruel o, como mínimo, incomprensible, no seremos capaces de alcanzar el valor que requiere acogerlo, transformarlo y convertirlo en algo positivo.

La destreza consiste en aceptar que el sufrimiento está ahí, pero no como un mal, no como una parte de la dualidad, sino como algo que aparece y que hay que convertir en positivo extrayendo una lección de su causa.

Lamentablemente, hay muchas personas que aman el sufrimiento, que requieren rodearse de sufrimiento para vivir, o malvivir, para ser más exactos. Son personas que, si sufren, tienen la impresión de que viven la realidad de la vida, o para las que el sufrimiento se convierte en una forma de mostrarse ante los demás porque creen que eso las hará sentirse más consideradas. También las hay que necesitan ver el sufrimiento en el mundo, y otras que, llegando ya a un extremo sadomasoquista, desean el sufrimiento. En cualquier caso, estamos ante patologías psicológicas que requieren un tratamiento.

«... ahora se teme menos la propia muerte; si antes se temía ser enterrado en vida, ahora aterra prolongar la vida en condiciones de importante sufrimiento.»

Joanna Bourke, *Historia cultural del miedo*

Otras personas temen el sufrimiento, y sufren por el solo hecho de que este pueda aparecer. En realidad, siendo el sufrimiento algo mental, la solución para su remedio no la encontraremos fuera de nosotros, no conseguiremos alejar el sufrimiento mental huyendo a un paraíso del Caribe, ni refugiándonos en un convento o en un monasterio; no estaríamos haciendo otra cosa que llevarnos con nosotros lo que está en nuestra mente. El sufrimiento, que desencadena el dolor, sólo puede ser superado si vencemos los dualismos que hacen que todo lo que no es bueno sea malo; como bien dice Eckhart Tolle, sólo podremos superarlo cuando dejemos de etiquetar y venzamos la ilusión que nos hace creer que existen dos fuerzas o principios opuestos que operan en nosotros en conflicto y oposición.

El dolor del pasado

Uno de los desencadenantes del sufrimiento son los recuerdos del pasado, algo que muchas personas no pueden evitar porque viven sumidas en sus recuerdos y porque, entre ellos, casi siempre, o siempre, hay más cosas tristes que que alegres. Por otra parte, los recuerdos tristes tienen mayor incidencia en nuestras vidas que los alegres, se convierten en algo que la memoria nos evoca con más frecuencia, posiblemente porque quiere mostrárnoslo como una experiencia desagradable que no debe volver a repetirse; es una especie de mecanismo de defensa ante el sufrimiento y el dolor. Además, hay que tener en cuenta que en ocasiones también los recuerdos alegres se convierten en nostálgicos, contribuyendo así a agravar ese sufrimiento.

No dejaremos de insistir en este libro en la necesidad de vivir intensamente el presente como única manera de tener una vida real. En el capítulo quinto nos extenderemos más sobre este aspecto, pero aquí debemos recordar que el pasado es algo que ya no existe, que ha transcurrido y que, por más que insistamos, no lo podemos cambiar. Vivimos un eterno presente en el que incluso un recuerdo del pasado se transforma en una experiencia actual.

«La voz de tu cabeza te contará cuentos tristes, angustiosos o indignantes sobre ti o sobre tu vida, sobre el pasado, el futuro o acontecimientos imaginarios.»

Eckhart Tolle

Nuestro cerebro conversa continuamente consigo mismo evocándonos infinidad de recuerdos e historias. Nos martiriza con escenas desagradables del pasado o con deseos no realizados, e inventa acontecimientos que nos gustaría vivir en el futuro, acontecimientos que no se cumplirán y que crearán nuevas frustraciones. Son sufrimientos capaces de producir dolor o, como mínimo, un malestar interno en nuestro ánimo y en nuestra felicidad.

Existen otros desencadenantes del sufrimiento que también pertenecen al baúl del pasado, como los odios que persisten hacia personas que creemos que se han portado mal con nosotros, o las envidias ante aquellos que, a nuestro juicio, nos han humillado con su prepotencia económica o arrebatándonos a la mujer o al hombre de nuestros sueños. Estos detonantes pueden llegar no sólo a crear amarguras, sino, incluso, a ser causa de enfermedades. Al llevar el odio o la envidia dentro de nosotros, no hacemos más que desencadenar sustancias químicas de nuestro cuerpo que pueden dañar nuestra salud produciéndonos bilis, úlceras de estómago, deterioro de nuestras defensas, etc. Tanto el odio como la envidia pueden originar traumas que serán difíciles de superar, es decir, experiencias dolorosas que, aunque ya no las recordemos, nos angustian y nos carcomen por dentro.

La solución a estas situaciones es vivir el presente intensamente, sin rememoraciones del pasado ni ensoñaciones del futuro. Cuando los recuerdos desagradables afloran, debemos enfrentarnos inmediatamente a ellos, preguntándonos por qué en ese instante de nuestra vida el cerebro nos evoca aquella situación desagradable que deseábamos olvidar. En la respuesta que obtengamos estará la explicación de ese pasado que regresa, y sólo enfrentándonos directamente a él conseguiremos superarlo en el presente.

El dolor del presente

Vivir intensamente el presente no quiere decir que no nos enfrentemos a experiencias que nos puedan producir dolor. El secreto contra esta situación es enfrentarse inmediatamente a ese dolor que nos puede desencadenar un recuerdo del pasado, superarlo a través de hacerlo consciente, aceptando lo acaecido como algo normal que no se debe enquistar ni convertir en un trauma que nos afecte en el futuro.

Ante todo, debemos ser conscientes de que las situaciones de sufrimiento pueden desencadenarse a raíz de que nosotros mismos las busquemos o provoquemos. Existen películas, novelas o espectáculos que nos inducen al sufrimiento y que alimentan el dolor y la violencia.

«Surge mucho sufrimiento, mucha infelicidad, cuando crees que es verdad cada pensamiento que te pasa por la cabeza.»

Eckhart Tolle

El dolor en el presente se genera por participar de espectáculos de la vida que generan violencia y que no resultan agradables. Debemos saber distinguir entre aquello que nos produce dolor y lo que debería ser una distracción. Huir del dolor y buscar la felicidad tendría que ser el objetivo de todo ser humano. Sin embargo, el entorno social en el que vivimos nos bombardea constantemente con escenas violentas y con el sufrimiento de miles de seres. Es algo que vemos a través del cine, la televisión, los periódicos y las novelas. Es un mundo ante el que la mayor parte de las personas no puede hacer nada, salvo protestar o patalear. El secreto para evitar que todo eso nos afecte y nos lleve al sufrimiento y al dolor posiblemente está reflejado en la gran cita de Ramakrishna que nos advierte del peligro de una sociedad absurda que puede destruirnos con el sufrimiento, una sociedad con la que forzosamente debemos convivir, y sobre la que aconseja: «Que la barca esté en el agua, bien; pero si el agua está en la barca, te hundes». Es decir, no debemos permitir que los sucesos externos nos afecten hasta el punto de hundirnos en el dolor y el sufrimiento.

El dolor físico y la forma de vencerlo

El dolor físico es uno de los «maestros» más severos que podemos tener. Su enseñanza principal es: la resistencia es inútil.

Peter O'Toole aparece en una escena de la película *Lawrence de Arabia* apagando una cerilla con los dedos ante los ojos atónitos de sus compañeros del ejército. Cuando uno de ellos intenta imitarlo, aúlla de dolor y exclama: «¡Ay, duele! ¿Cuál es el truco?» Lawrence contesta: «El truco está en no prestar atención al dolor».

Cuanta más resistencia opongamos al dolor físico, más severo será este. La forma de combatirlo es: o no prestar atención al dolor, o acercarse a él y enviarle mensajes de armonía y amor. Muchos psicoterapeutas aconsejan que si una parte de nuestro cuerpo nos duele, por una herida u otra causa, debemos descender mentalmente hasta el lugar dolorido y no luchar contra él, no enfrentarnos con odio y rabia, sino enviando mensajes de armonía, de equilibrio y de cariño hacia la zona herida o el órgano enfermo, con el fin de que el cerebro actúe y dirija las sustancias necesarias para sanar aquella zona dolorida. Muchos enfermos han practicado esta técnica y sus males han desparecido, es un hecho que la medicina califica de «remisión instantánea», ya que allá donde los tratamientos han resultado inoperantes, la mente y la voluntad del enfermo han conseguido vencer. Se trata de una victoria que se produce sin agresión quirúrgica, sin violencia, sin invasión de fármacos externos; sólo con la voluntad y una mente que envía equilibrio y armonía a la zona afectada.

En muchas ocasiones consideramos el dolor o el sufrimiento de una enfermedad como un castigo, como un castigo divino causado por nuestro mal comportamiento. Entonces, nos avergonzamos y no hacemos más que potenciar ese dolor.

«El dolor es una experiencia de sufrimiento psíquico que lleva al paciente ante el umbral de la posibilidad de transformación. El dolor se vuelve destructivo cuando se asocia al concepto de castigo o vergüenza.»

Frank Lawlis, *Medicina transpersonal*

El dolor y la enfermedad nunca son un castigo divino, el dolor y la enfermedad son una consecuencia de nuestras actitudes y comportamientos del pasado. Caemos enfermos por nuestra forma de vida, por nuestra alimentación, por nuestro desinterés en cuidarnos. Incluso cuando somos víctimas de un virus contagioso, este se produce porque nuestras defensas están bajas a causa del estrés o de ciertos estados emocionales. Siempre somos responsables de nuestra salud y los únicos culpables de nuestros males somos nosotros.

En ocasiones, el dolor es una forma de ser conscientes de nosotros mismos, de experimentar nuestro cuerpo, de darnos cuenta de él. Assagioli dice que el dolor nos hace más conscientes y nos incita a buscar consejo, luz y paz en nuestro interior y en el espíritu que anida en cada uno de nosotros.

«El dolor tiene una función vital, de salvavidas, indiscutible, que consiste en indicarle a la conciencia dónde está el problema.»

Jeanne Achterberg (doctora en medicina)

Una de las meditaciones que nos acerca más a ser conscientes de nosotros mismos es el zen o zazen, que consiste en sentarse sin finalidad ni espíritu de provecho y concentrarse; una experiencia de «aquí y ahora» en la que lo importante es el presente y en la que lo esencial es comprendernos a nosotros mismos, conocernos profundamente y encontrar nuestro verdadero yo. La postura del zen puede, inicialmente, ser dolorosa, ya que estamos apoyados sobre el zafu (un pequeño cojín redondo) y con las piernas dobladas debemos mantener la espalda rígida, los puños cerrados, apretando el pulgar sobre los muslos de la rodilla, la punta de la lengua tocando el paladar y la mirada situada a un metro de distancia, generalmente sobre un muro.

En esta postura, el cuerpo empieza a doler, y es en ese momento cuando adquirimos conciencia de todo nuestro cuerpo y de nosotros mismos, de la postura y de la razón por la que estamos ahí. Pero el control del dolor se puede conseguir a través de la respiración, ya que las técnicas de respiración siguen siendo los medios más poderosos para dominar el dolor.

«No introduzcas la mano en el escondrijo del escorpión, si no estás preparado para aguantar el dolor de la picadura.»

Proverbio sufí

El dolor es en ocasiones un indicador de traumas internos que se han enquistado en nuestro cuerpo. Nos duelen los riñones porque hay algo que no logramos filtrar en nuestras vidas; nos duelen las sienes porque no hemos llorado cuando era necesario y hemos retenido, innecesariamente, las lágrimas; nos duele la garganta porque no hemos dicho lo que teníamos que decir y nos hemos callado sin expresar nuestro parecer; nos duelen las piernas porque hay un desequilibrio general en nuestro cuerpo.

La identificación del cuerpo con el dolor

Para librarse del dolor hay que darse cuenta de que está ahí y no identificarse con él. Si persiste, hay que buscar sus causas en lo más profundo de nosotros, sin vernos como víctimas, ya que si lo hacemos como víctimas, seguiremos siendo víctimas. Posiblemente en esa búsqueda descubriremos que las emociones mal controladas han tenido mucho que ver con ese sufrimiento que padecemos, puesto que las emociones son energías descontroladas.

> «El cuerpo-dolor es una forma de energía semiautomática que vive en el interior de casi todos los seres humanos, una entidad formada por emociones.»
>
> **Eckhart Tolle**

En pocas palabras, no busquemos una causa exterior del dolor, siempre estará dentro de nosotros. Aunque hay otros factores que determinan el dolor, uno de los más importantes es el significado de la herida.

Ya hemos destacado anteriormente que el dolor es en ocasiones un indicador de traumas internos que se han enquistado en nuestro cuerpo. A veces, la respuesta a una molestia o enfermedad, es decir, saber por qué estamos aquejados de aquel mal, es tan sencilla como preguntarnos a nosotros mismos por qué padecemos aquella molestia o enfermedad. Veamos a continuación algunos ejemplos prácticos de dolencias y posibles causas psicosomáticas.

Si padecemos algún tipo de infección, lo más corriente es que nuestras defensas estén bajas, y esto se produce por muchos motivos, pero hay un componente muy importante que hace referencia a nuestros estados de ánimo. El estrés, un disgusto, un decepción amorosa... pueden ser causa de una bajada de nuestras defensas y, en consecuencia, pueden hacernos más vulnerables ante las infecciones. Lo importante es saber qué conflicto mental nos ha producido esta bajada de defensas. Lo más lógico es que nos preguntemos cuál es el conflicto que hay en nuestra vida que nos perjudica. Posiblemente descubriremos la existencia de ese conflicto; y a partir de ahí, tenemos que ver cómo nos enfrentamos a él, cómo lo aceptamos y lo integramos sin que nos produzca ningún desequilibrio. No hay que huir de los conflictos, hay que aceptarlos y reconocerlos para superarlos y ver que sólo son situaciones pasajeras de nuestra vida. Y la vida nos sume muy a menudo en situaciones difíciles, ya que no vivimos en un paraíso, sino en un lugar en el que nos tenemos que acostumbrar a muchas decepciones.

«Todos soñamos con el paraíso porque es un sueño corriente en el infierno.»

Karl Wolf Biermann (compositor alemán)

Las alergias pueden ser dolorosas y molestas, son agresivas, y se convierten en una exteriorización de nuestra agresividad interior. Ante estas reacciones, debemos saber si asumimos nuestra agresividad, si somos conscientes de ella. Descubriremos que en ocasiones la agresividad es debida a nuestra propia inseguridad, por lo que deberemos averiguar qué es lo que nos ocasiona inseguridad, a qué tenemos miedo.

A veces nos cuesta respirar y esto puede ser un síntoma de algo a lo que no deseamos dar cabida en nuestro interior. Puede ser también una reacción ante un ambiente que no nos gusta, un lugar que rechazamos y hasta cuyo aire se nos hace irrespirable. Deberemos averiguar si la causa está en el lugar en donde nos encontramos. Lo que tenemos que buscar es si existe una relación entre la dificultad de respirar en un momento dado y el pensamiento o el recuerdo de algo. Así, en los momentos en que sentimos dificultad para respirar debemos buscar el detonante de esta dificultad. Puede ser algo del presente, pero también puede estar relacionado con el pasado, algo que no queremos admitir o aceptar y que ha transcurrido en nuestra vida hace algún tiempo.

«Cuando la respiración es inestable, todo es inestable; pero cuando está tranquila, todo lo demás está tranquilo. Por eso debemos controlar cuidadosamente la respiración.»

Goraksashatakam (maestro de meditación)

Los estados dificultosos de la respiración están a veces asociados con la sensación de ahogo. En estos casos, se trata de situaciones creadas por la inseguridad, el miedo o el hecho de vernos incapaces de realizar las tareas que nos han sido encomendadas. Nos ahogamos por inseguridad, por falta de confianza en nosotros mismos. Si observamos el ahogo, nos daremos cuenta de que surge en los momentos en que tenemos que tomar decisiones, en los momentos en que tenemos que hablar, en una conferencia o en una intervención en el trabajo, o ante una respuesta problemática que tenemos que dar ante otras personas. Puede tratarse de un simple descontrol de nuestras emociones que nos impide hablar.

Las molestias digestivas pueden atribuirse simplemente al hecho de que hay cosas que no podemos digerir. Situaciones de la vida que no digerimos y que nos producen un malestar interior que se refleja precisamente en nuestro estómago. Es muy importante ser consciente de la función de la alimentación. Comer, saborear los alimentos, saber en qué nos benefician y digerirlos llevando a cabo una digestión tranquila. Por este motivo se aconseja no comer viendo la televisión o leyendo el periódico, ya que el contenido de es-

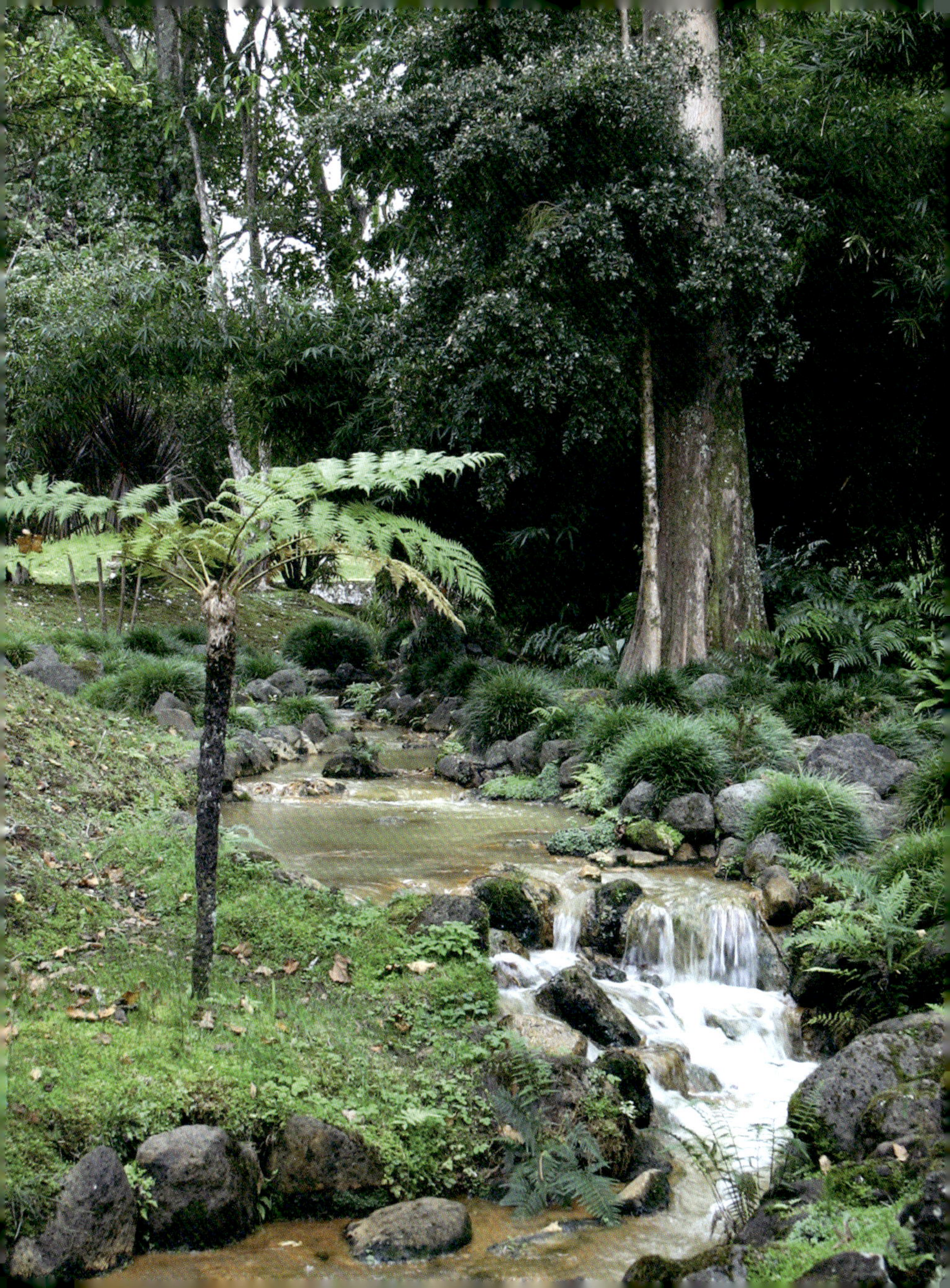

tas fuentes de información puede afectar a nuestra digestión. Indudablemente, no puede ser bueno estar comiendo mientras vemos por televisión guerras, matanzas o calamidades, o mientras estamos leyendo sucesos horrorosos en los periódicos. Sólo una mente perversa puede disfrutar de la comida ante estos hechos.

Finalmente, destacaremos que las molestias de garganta y el ahogo también son debidos al hecho de que nos guardamos cosas en nuestro interior que no decimos. Es decir, callamos ante injusticias o malos tratos. El consejo es que debemos expresar libremente nuestros sentimientos, nuestras opiniones y quejas. Todo lo que guardemos podrá acabar siendo traumático y terminar por enquistarse produciendo molestias en el órgano que lo ha filtrado.

> «Para la enfermedad, tan importante es lo imperceptible para los sentidos humanos como lo que puede ser medido y comprobado por los mismos.»
>
> **Lewis E. Mehl** (profesor clínico de la Universidad de Stanford)

Muchos problemas oculares se circunscriben al hecho de que hay cosas que no queremos ver. En ocasiones, un hecho terrible transcurre ante nosotros y luego somos incapaces de recordarlo, por la sencilla razón de que era algo que no queríamos ver. En otras ocasiones, nuestros órganos visuales sufren infecciones, orzuelos y otros problemas por las mismas razones que antes: no queremos ver ciertas cosas. Ante estos problemas nos tenemos que preguntar seriamente qué es lo que no queremos ver. Puede que lo que no queramos ver sea simplemente nuestro comportamiento para con otras personas. O puede que, simplemente, tengamos miedo de ver la realidad de la vida.

De la misma manera, nos podemos plantear esta problemática ante numerosas enfermedades del oído. ¿Qué es lo que no queremos oír?

Todos los órganos de nuestro cuerpo responden con dolencias que en muchos casos son psicosomáticas, producidas por nosotros mismos o por nuestras emociones incontrolables. Ya hemos visto en este mismo capítulo cómo debemos enfrentarnos al dolor, pero también podemos reflexionar sobre lo que sucede en nuestro cuerpo. Para ello, sólo es necesario plantearnos algunas sencillas preguntas que pueden ayudarnos a aclarar muchos aspectos del dolor y la enfermedad.

Así, podemos preguntarnos a nosotros mismos:

* ¿Es real el dolor en esa parte de mi cuerpo o sólo está en mi mente?
* ¿Deseo ardientemente curar esa enfermedad o pretendo valerme de ella para conseguir el cariño o la compasión de los demás?
* ¿De verdad estoy haciendo todo lo necesario para curarme?
* ¿Cuándo surgieron los primeros síntomas y qué causa pudieron tener?
* ¿Qué estaba haciendo cuando surgieron los primeros síntomas y qué posibilidad de relación existe?
* ¿Por qué no hago todo lo posible para curarme?
* ¿Me aporta algún beneficio psicológico esta enfermedad?

A veces, unas sencillas preguntas como estas y unas respuestas sinceras pueden ayudar mucho a la resolución de una enfermedad o de un dolor.

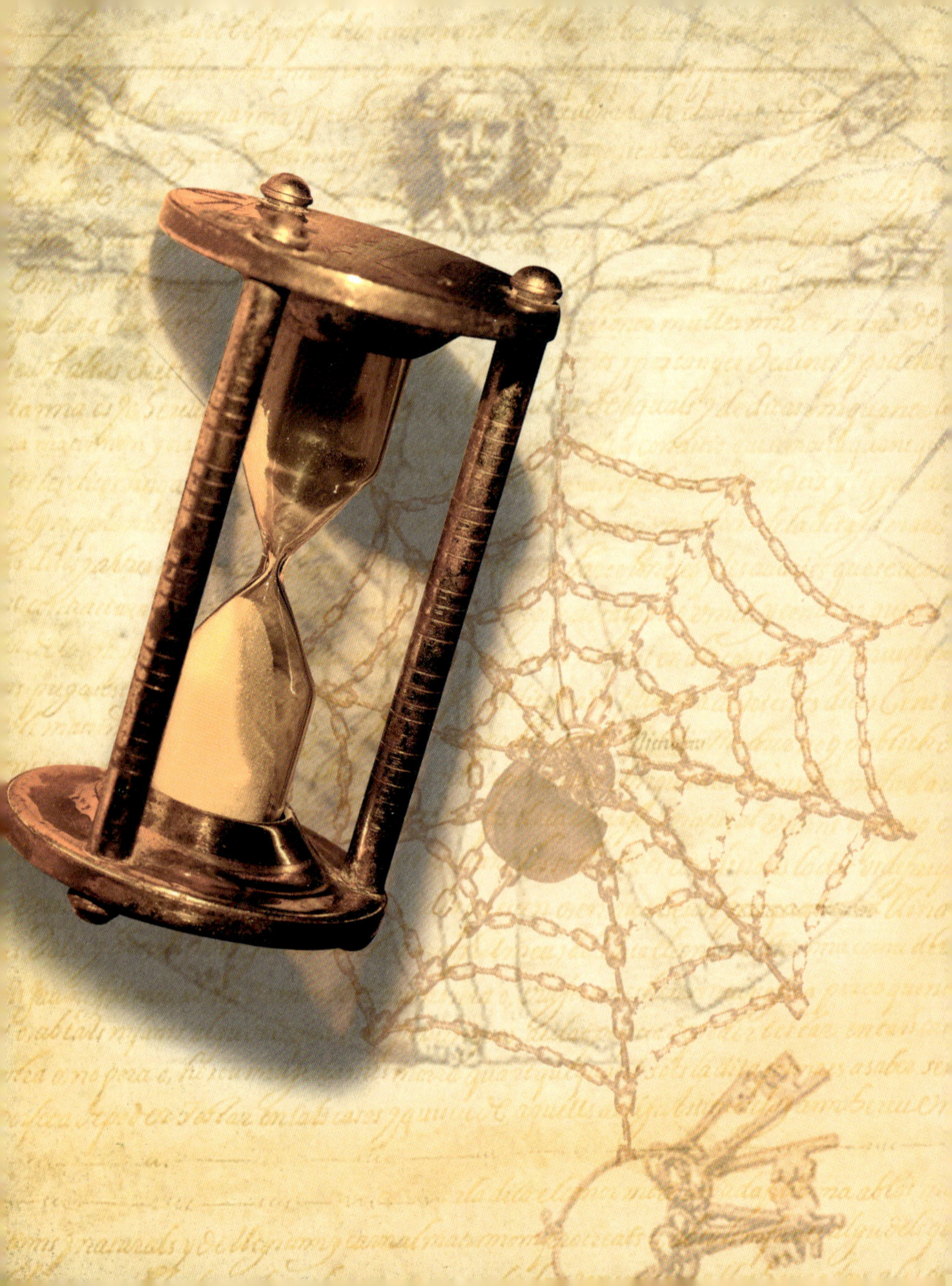

3.
Superando el miedo

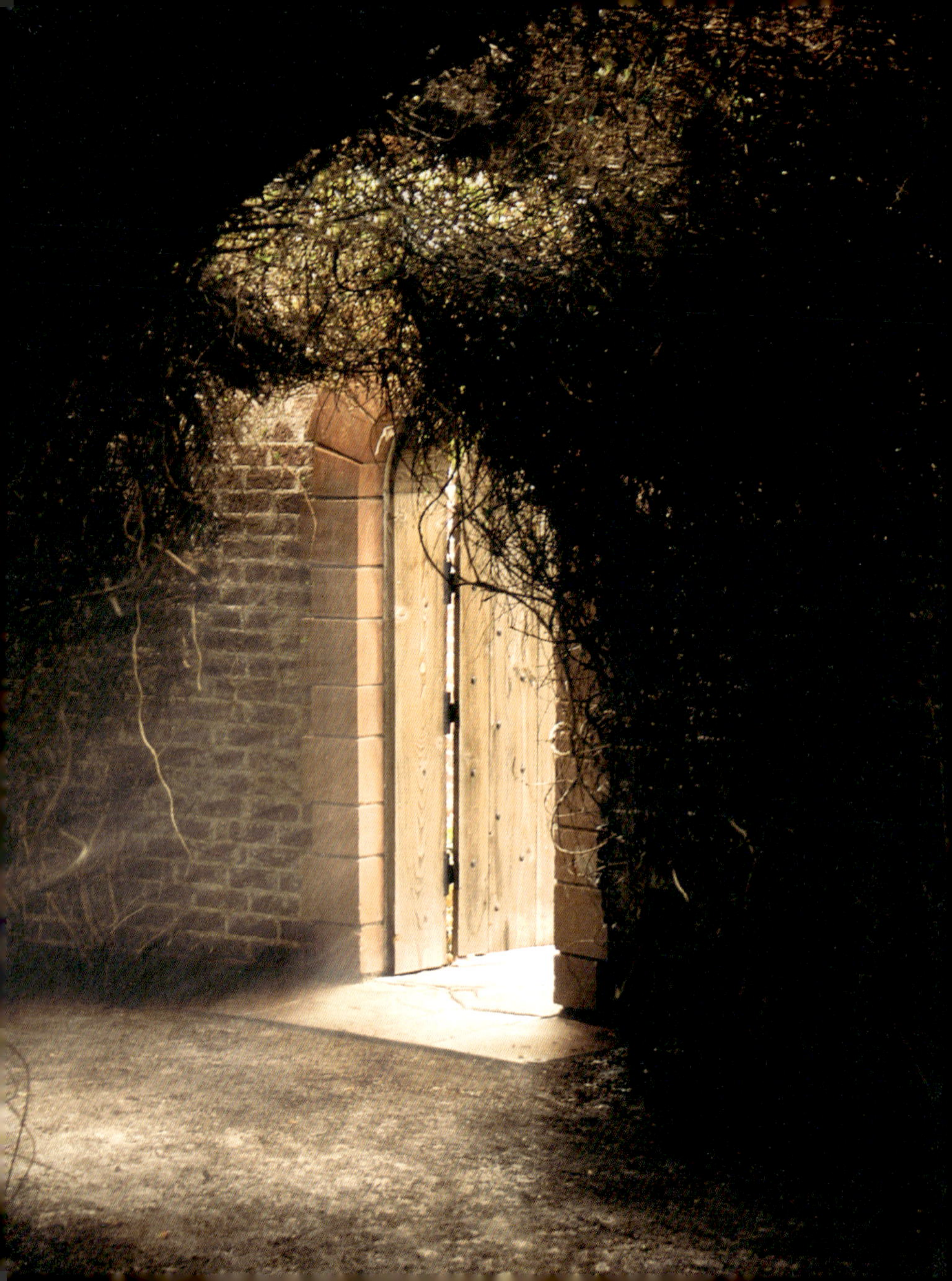

El miedo, ese viajero que nos acompaña

El miedo es un estado psicológico en el que nuestros sentidos se ofuscan, la química de nuestro cuerpo se precipita y aparecen temblores, cambios en el ritmo cardiaco y en la presión sanguínea, e incluso nuestra respiración cambia su frecuencia. Sólo mediante un dominio completo de nuestra mente y de nuestro cuerpo podemos enfrentarnos a este terrible estado capaz de hacernos cometer los más inexplicables disparates. Su persistencia en nuestro ser puede llegar a dañar nuestra salud.

«El miedo está enraizado en la vida cotidiana, se cuela por todos los poros de la sociedad y llega a lo más íntimo.»

Roger Bartra (antropólogo y sociólogo)

Pero también debemos considerar que gracias al miedo sobrevivimos, ya que nos hace ser prudentes ante las situaciones desconocidas o que entrañan un claro peligro. El miedo le ha permitido al hombre prehistórico conservar la vida frente a los animales desconocidos con los que se encontraba, pero también ha llegado a asustar tan profundamente a otros seres que les ha desencadenado ataques de corazón o les ha llevado, incluso, a suicidarse.

Hay muchos tipos de miedos, como veremos más adelante, desde el miedo a lo desconocido hasta el miedo a cambiar, a no ser la persona de siempre; en tal caso, le recomendamos al lector que no continúe la lectura de este libro, ya que desde las primeras páginas hasta el final le proponemos, insistentemente, un cambio. Será un cambio para que llegue a dominar su ego, no para que su ego o su yo interior le domine a él; un cambio para que sea más, no para que tenga más; un cambio para que viva el presente intensamente y para que sea consciente de sí mismo. Todo esto puede producir miedo, porque tendrá que enfrentarse a sí mismo y al mundo que le rodea; tendrá que hacerse preguntas que le resultarán difíciles de contestar y para las que obtendrá respuestas que le pueden asustar. En resumidas cuentas, el lector tendrá que despertar del mundo falso en que vivimos, del sueño irreal que nos manipula y nos convierte en autómatas, ajenos al verdadero misterio de nuestra existencia y de nosotros mismos.

«**El miedo forma parte de la naturaleza humana. Si uno vence el miedo, también vence la naturaleza humana.**»

Graham Greene, *El cónsul honorario*

Del miedo deriva la mayor parte de los males y de los sufrimientos de la humanidad. El miedo, como hemos dicho, nos mueve a cometer acciones perjudiciales y a exhibir actitudes violentas.

El miedo según Assagioli

Assagioli, psicólogo veneciano ya fallecido, fue uno de los que mejor estudió el miedo. Decía que hay personas que llegan a tener miedo incluso del mismo miedo. Assagioli señaló que existen cinco tipos de miedos:

* Instinto de conservación, que tiene como raíz el miedo a la muerte.
* El miedo sexual, el miedo a la soledad, a estar incompleto.

* El miedo gregario, el que siente el hombre a estar dividido.
* El miedo a no ser apreciado por los demás.
* El miedo a lo desconocido y misterioso.
* El primer miedo estaría inscrito en nuestros genes, el instinto de conversación es un sentimiento muy profundo, un sentimiento que ya explicó Richard Dawkins en *El gen egoísta*. Este miedo genera un terror profundo ante la muerte, ya que es enfrentarse a algo desconocido, algo que representa nuestra aniquilación y que nos hace desaparecer del escenario del mundo.

«... todos los miedos pueden resumirse en el miedo del ego a la muerte, a la aniquilación.»

Eckhart Tolle

Este miedo a la muerte nos ha permitido no arriesgarnos desmedidamente y conservar así nuestra vida, no tirarnos por un precipicio o lanzarnos contra el fuego. Es el miedo que nos hace ser prudentes y mantenernos. Esto no quiere decir que no hayamos corrido riesgos en la vida, escalando grandes cimas, explorando selvas profundas, atravesando desiertos inhóspitos, etc. Pero todo ello formaba parte de nuestras inquietudes, de nuestro deseo de saber qué era lo que nos rodeaba, dónde estábamos, qué había más allá de lo que nos permitía ver nuestra mirada.

El miedo sexual, segundo tipo de miedo al que se refiere Assagioli, es el miedo a la soledad, a estar incompleto. Este miedo nos ha llevado a emparejarnos, a convivir con otras personas. La gente teme la soledad, pese a que en ella se encuentran respuestas a muchas preguntas, pero les parece encontrarse en un estado incompleto. Uno de los miedos de muchos adolescentes es pensar que en el futuro no encontrarán una pareja con la que compartir sus vidas.

«¡La gente está tan sola, tan infeliz, tan asustada, tan confundida y tensa!»

Jacob Needleman (escritor y profesor de filosofía en la Universidad Estatal de San Francisco)

Narraba el explorador del ártico Knud Rasmussen que el chamán Igjugârjuk le explicaba que la verdadera sabiduría sólo puede hallarse lejos de la gente, en profunda soledad, y que se encuentra en el sufrimiento, ya que la soledad y el sufrimiento abren la mente del ser humano.

El tercer tipo de miedo que menciona el psicólogo veneciano es el miedo gregario, el que siente el hombre al estar dividido. Posiblemente, este es un miedo que heredamos de nuestros antepasados cuando vivían de forma tribal. Estar separado de la tribu, valerse por uno mismo, en aquellos tiempos podía significar la muerte, ya que significaba, por ejemplo, compartir las noches con todos los peligros que conllevaba la oscuridad, o enfrentarse en solitario con un hambriento oso o con cualquier otro animal. En definitiva, nos encontrarnos nuevamente ante un miedo a la muerte.

El cuarto miedo es el temor a no ser apreciado por los demás. Se trata de un miedo que persiste en la actualidad y por el que muchas personas se ven afectadas psicológicamente. Es el temor a no resultar adecuados para lo que nos solicitan, a no servir para lo que nos han elegido, a ser excluidos si no somos lo suficientemente hábiles.

Se trata de un miedo que puede producirnos sensaciones muy intensas, un miedo que puede surgir en la infancia, entre los compañeros de clase, en el mundo laboral y en las relaciones sentimentales. De este miedo se desatan muchos tipos diferentes de emociones; es miedo al rechazo a no ser aceptado por los demás.

Finalmente, está el miedo a lo desconocido y misterioso. Es el miedo a aquello que no conocemos y que además nos resulta inquietante. Es un miedo ante lo que no es racional, aunque existen muchas cosas que consideramos no racionales porque desconocemos su verdadera naturaleza. Así, nos puede asustar un fenómeno parapsicológico, como sería el hecho de que alguien nos hablara telepáticamente, o una aparición extraña y que no sabemos explicar. En cualquier caso, son fenómenos que no comprendemos, que hoy no sabemos explicar, pero que tal vez mañana si podamos interpretar.

«El único miedo es desconocer.»

Dr. J.M. Rodríguez Delgado (neurólogo español)

Nunca nos debe producir miedo el descubrir nuevas cosas, nunca debemos temer a lo desconocido. Toda la historia de la humanidad ha sido un encuentro con lo desconocido, desde el descubrimiento de América hasta la conquista de la Luna. Si hubiéramos tenido miedo, hoy aún estaríamos recluidos en poblados sin tener idea de qué existiría más allá de sus cercos.

La química del miedo

Existen en el cerebro sustancias que parecen tener una actuación determinante en el miedo, como son los neuropéptidos oxitocina, que nos tranquilizan ante el estrés y la ansiedad; y la vasopresina, que interviene directamente en la química del cerebro aumentando la ansiedad y el miedo. Su actuación se caracteriza por cambios en el ritmo cardiaco, la presión sanguínea o la frecuencia de la respiración.

«El estado de miedo psicológico está divorciado de cualquier peligro real e inmediato.»

Eckhart Tolle

Las endorfinas también nos tranquilizan y calman nuestros dolores físicos. La adrenalina y la noradrenalina intervienen en situaciones de peligro, cuando nuestro cerebro capta que estamos amenazados; son sustancias que nos permiten reaccionar, ya que activan los órganos musculares transfiriéndoles la energía necesaria para poder correr o combatir, al mismo tiempo que hacen que nuestros reflejos se vuelvan más activos. En último lugar, citaremos el endovalium, una sustancia cerebral adecuada para suprimir los miedos y elevar el estado de ánimo de las personas, ya que en ocasiones son los estados de ánimo bajos los que nos llevan a pensar negativamente y ser víctimas de todos los miedos que nos rodean.

Liberarse y vencer el miedo

¿Podemos liberarnos de nuestros miedos? La respuesta es afirmativa, podemos vencerlo y liberarnos de él siempre que estemos dispuestos a buscar en nuestro interior sus causas. Es decir, debemos observarlos, examinarlos y hacerlos retroceder, averiguando de dónde provienen.

Ante un miedo psicológico, no real, que ronda nuestra cabeza y nos acecha, debemos enfrentarnos con valor. Enfrentarse a un miedo es un proceso en el que debemos actuar como si ese miedo no fuera con nosotros; tenemos que considerar el miedo como algo cuya aparición no hemos ordenado nosotros, algo externo a nuestros deseos. Inicialmente, debemos observarlo, analizar cuándo aparece, en qué circunstancias surge, en qué momentos de la vida nos acecha. Tenemos que ver sus características, es decir, con qué nos amenaza y nos asusta. Todos estos datos nos servirán para saber por qué aparece ante un determinado suceso de la vida. Por tanto, también habrá que recordar cuándo fue la primera vez que tuvimos ese miedo. Para ello, tendremos que revivir aquellas circunstancias y superarlas. Si sabemos las causas de aquel miedo, podremos vencerlo. El hecho de estudiar con qué nos amenaza ese miedo nos ayudará en nuestro propósito; ya que veremos que en sí misma, por grande que sea la amenaza, no será tan importante ni tan grave como creemos.

> «Cuando la mente se halla perturbada, surge la multiplicidad de las cosas. Cuando la mente se aquieta, desaparece la multiplicidad de las cosas.»
>
> *El despertar de la fe* (texto budista)

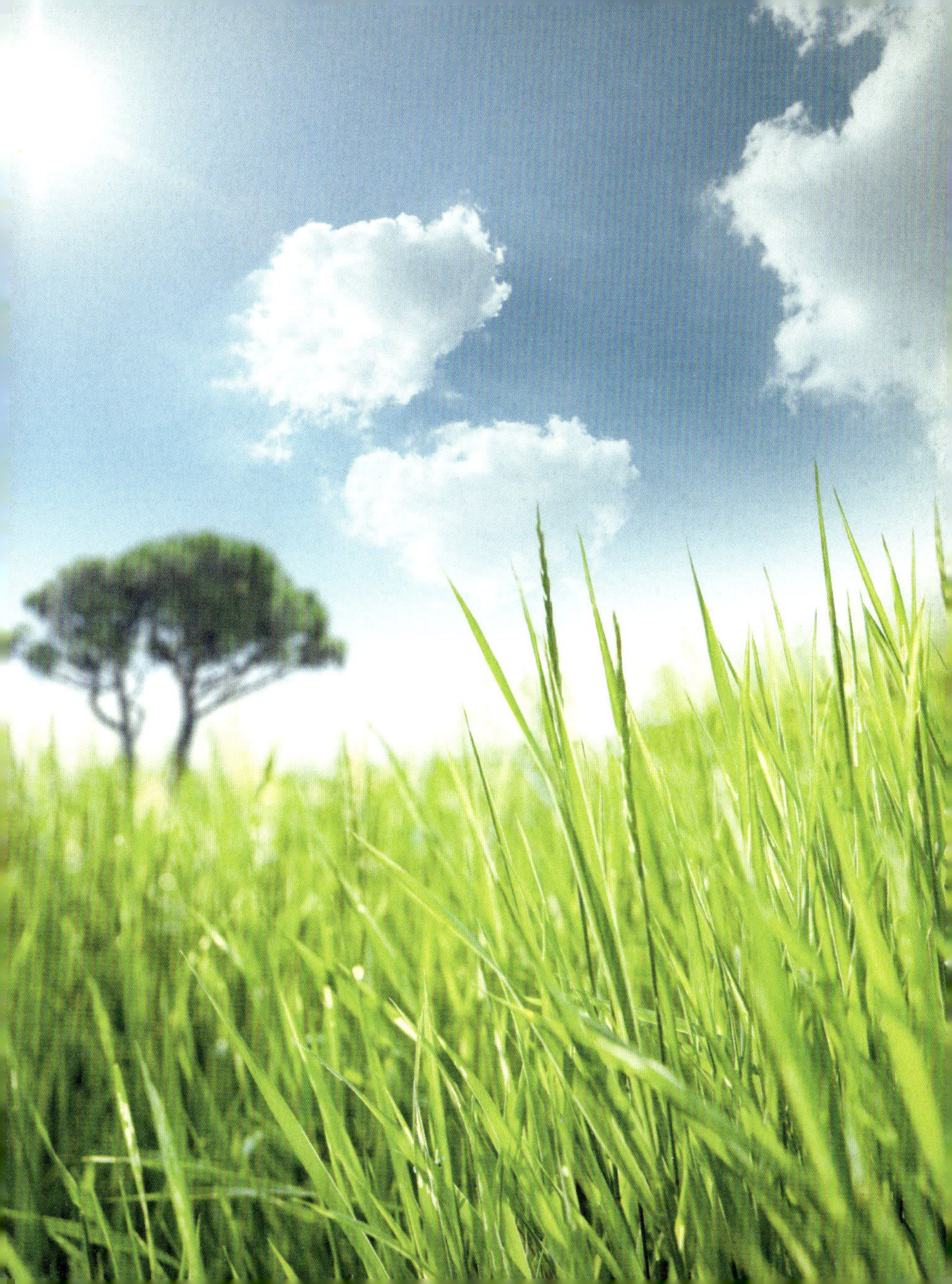

Ante todo, debemos apaciguar nuestra mente, tranquilizarla ante el temor que ha surgido en ella. Cuanto más nos inquietemos, más aumentará nuestra ansiedad y nuestra presión sanguínea.

Una de las formas de serenar la mente y superar las oleadas de miedo que nos invaden es respirar profundamente, oxigenar nuestro cerebro y controlar la respiración. Entre los muchos sistemas de respiración que existen, uno de las más efectivos contra el miedo, la ansiedad o el estrés es el conocido como «veinte respiraciones conectadas». Se trata de una técnica originaria de Oriente e importada a la civilización occidental por Leonard Orr. Para Orr, la técnica de las veinte respiraciones conectadas incrementa la propia energía y mejora las relaciones interpersonales. Orr recuerda que la respiración es el poder de la mente, teoría que está reconocida en la India desde hace miles de años. Las veinte respiraciones conectadas han sido experimentadas durante milenios por los gurús de la India y los lamas tibetanos. Con modificaciones, fueron empleadas desde las cumbres del Himalaya, hasta las orillas del Ganges para reducir miedos, frenar angustias y sanar el cuerpo humano.

«Cuando se ha ido más allá de aquello que producía miedo, la inteligencia puede ponerse a trabajar.»

David Bohm (físico cuántico estadounidense)

Las veinte respiraciones conectadas, realizadas en un momento dado, permiten sosegar la mente, armonizar el sistema nervioso y enfrentarse al miedo o a la angustia de una forma tranquila y equilibrada.

Podemos practicarlas ante cualquier situación de la vida que nos intranquiliza o nos produce nerviosismo. Por ejemplo, antes de intervenir en un cualquier tipo de actividad que requiera nuestra concentración, antes de una intervención escénica, laboral, comercial, deportiva o arriesgada. También podemos ejecutarlas en el transcurso de estas actividades cuando suceda algo extraño o perturbador.

Su técnica es muy sencilla y no requiere más de treinta segundos. Como vemos, requiere tan poco tiempo que siempre podemos retirarnos a un rincón, un pasillo, un despacho o cualquier otro lugar para ponerla en práctica. Consiste en lo siguiente:

* Debe realizarse durante un período no superior a los treinta segundos.
* A ser posible, la respiración debe realizarse siempre por la nariz.
* Se empieza realizando cuatro respiraciones cortas y seguidas.
* Al final de cada serie de cuatro respiraciones cortas, se realizará una respiración larga y profunda.
* Este conjunto de cinco respiraciones se repetirá cuatro veces, sin detenerse, durante treinta segundos.
* En realidad, las veinte respiraciones deben sucederse de manera que formen una sola serie de respiraciones conectadas.
* Durante el ejercicio de estas veinte respiraciones conectadas, se debe sentir la respiración libre, sin tratar de forzarla ni controlarla, de forma que el ritmo de la respiración sea fluido.

El miedo a la enfermedad

Uno de los miedos que pueden llegar a convertirse en patológicos es el miedo a la enfermedad. Un caso característico es el de quien está viendo un programa de televisión en el que se explican los síntomas de una enfermedad e inmediatamente se siente aquejado de todos estos síntomas y, a partir de ese momento, el miedo le invade porque cree padecer la enfermedad de la que estaban hablando. La medicina cataloga claramente a esta clase de pacientes como hipocondríacos. Otro caso igualmente característico es el del paciente que acude a un hospital y cree que va a contagiarse de todas las bacterias y virus que por allí pululan. Este tipo de pensamientos absurdos no hacen más que debilitar nuestras defensas. Lo que deberíamos hacer es ahuyentar estos pensamientos o confirmar a nuestro cerebro la certeza de que nosotros nos encontramos en perfecto estado y que nuestro sistema inmunológico impedirá cualquier contagio.

Las personas que tienen miedo a contraer enfermedades, a contagiarse por estar con enfermos o por encontrarse cerca de ellos, lo pasan muy mal cuando tienen que acudir a algún centro sanitario o cuando deben visitar a alguien enfermo. Por lo general, son personas que se lavan las manos muchas veces al día, sobre todo si han tocado objetos extraños, al considerar que estos pueden ser portadores de enfermedades.

«¡Oh, por la noche, forjándose algún miedo, con cuánta facilidad se toma un arbusto por un oso!»

William Shakespeare, *El sueño de una noche de verano*

El miedo a contraer enfermedades puede desencadenar la hipocondría, que es una enfermedad que consiste en creerse enfermo, hasta el punto de llegar a desconfiar de los médicos y de los exámenes médicos realizados. Los hipocondriacos son personas pesimistas y aprensivas cuyo tema principal de conversación son las enfermedades. La preocupación positiva por la salud no consiste en autoexplorarse constantemente ni en obsesionarse por los diferentes tipos de enfermedades existentes, sino en vivir una vida sana y alimentarse con comida sana. Luchar contra la enfermedad es ser optimista y positivo. Despreocuparse de la enfermedad se consigue realizando otras actividades que no tienen nada que ver con ellas. Uno debe cuidarse, pero eso no significa que deba pasar todo el día poniéndose el termómetro, mirándose la tensión arterial o explorándose el cuerpo en busca de bultos. La vida no debe girar en torno a la enfermedad, sino en torno al hecho de vivir en sí mismo y de disfrutar cada día que vivimos: poder ver amanecer y anochecer, y disfrutar de la compañía de otras personas deben ser motivo suficiente de alegría. Debemos saber, además, que el solo hecho de creernos enfermos puede producir alteraciones psicogénicas capaces de provocar síntomas reales de tipo funcional u orgánico.

«Es de tu miedo de lo que yo tengo miedo.»

William Shakespeare, *Romeo y Julieta*

La medicina actual ha podido constatar que las personas deprimidas, negativas y pesimistas tienen su sistema inmunológico más débil que las personas que son optimistas y positivas. Este hecho se ha podido comprobar a través de análisis de sangre, que han demostrado la situación inmunológica en ambos casos. Una persona con depresión y pesimismo es más propensa a contraer resfriados o infecciones, ya que su sistema inmunológico se encuentra más debilitado.

Veamos ahora una breve meditación que nos puede ayudar a superar ese miedo a la enfermedad y que, al mismo tiempo, fortalecerá nuestro sistema inmunológico. Imaginemos que tenemos que visitar a un enfermo en una clínica u hospital y que tenemos miedo de contagiarnos, o que la ciudad en que vivimos sufre una crisis de gripe y tenemos miedo al contagio cuando viajamos en los transportes públicos; en cualquiera de los casos, el siguiente ejercicio mental servirá para reforzar nuestra confianza, alejar los temores y fortalecer nuestro sistema inmunológico.

Antes de salir de casa, empezamos por relajar todo nuestro cuerpo.

Respiramos profundamente sintiendo cómo el aire penetra en nuestros pulmones. Al mismo tiempo, digamos mentalmente: «Soy una persona sana, fuerte y correctamente alimentada. Mi sistema inmunológico repelerá cualquier agresión externa». (Repetiremos varias veces esta idea mientras respiramos profundamente.)

Seguimos respirando, sintiendo cómo el aire que penetra en nuestro cuerpo nos fortalece. Ahora repetimos: «Ningún microbio, virus o bacteria puede entrar dentro de mí; y si lo hace, será contrarrestado por las defensas de mi organismo».

Seguimos respirando mientras reflexionamos sobre el hecho de que ninguna enfermedad puede afectarnos, nada va a contagiarnos, no vamos a tener miedo a contraer nada; y esa convicción nos hará más fuertes y estará enviando instrucciones a nuestro cerebro para que active las defensas necesarias.

Mientras respiramos, sentiremos cómo el aire que penetra en nuestro cuerpo activa todas nuestras defensas, nos recubre interiormente de pureza y crea en nuestra boca, garganta, pulmones, estómago y otros órganos una capa transparente que los protege.

Lo importante ante la enfermedad o ante el peligro de contagiarnos de la enfermedad es la actitud que tengamos. Aunque parezca algo increíble, la medicina cuántica nos explica que no caeremos enfermos si nosotros no queremos, si nuestro espíritu es fuerte, si tenemos confianza en nosotros mismos y en nuestra capacidad de rechazar cualquier infección. El mismo dolor depende de nuestra actitud ante el dolor, de cómo nos enfrentemos a él y de la resistencia que opongamos.

Lo importante ante la enfermedad es no sentirse fracasado, no sentirse culpables de lo que nos acontece. Si hemos contraído una enfermedad, es indudable que no la deseábamos, pero puede ocurrir que seamos responsables de su causa, o bien porque hemos fumado demasiado, hemos bebido en exceso o nos hemos alimentado descuidadamente. En cualquier caso sería responsabilidad nuestra, pero no por ello nos debemos culpar constantemente. Debemos reconocer nuestra responsabilidad, el error que hemos cometido, pero no debemos, bajo ningún concepto, estar continuamente culpándonos. Tomamos nota del error cometido y nos enfrentamos a la enfermedad sin oponer resistencia, sin luchar contra ella como si fuera un enemigo. La enfermedad es un desequilibrio, una falta de armonía en una parte de nuestro cuerpo. Una falta de armonía que podemos solucionar mentalmente. Lynne McTaggart, autora de *El campo*, destaca que la mente es un estado de comunicación subatómica perfecto, es decir, un estado cuántico, y que la enfermedad es un estado en el que la comunicación se rompe. Por lo tanto, contraemos enfermedades cuando nuestras ondas no están en sintonía. Por ello, hemos insistido en la posibilidad de actuar mentalmente, tratando de reestablecer la comunicación con la parte afectada de nuestro cuerpo, preguntándole sinceramente cuáles son las causas de esa falta de armonía.

Lo que no debemos hacer es luchar contra la enfermedad considerándola un enemigo peligroso. Se trata de armonizar, de equilibrar aquella parte de nuestro organismo con la que se ha roto la comunicación.

No debemos, por tanto, sentirnos fracasados, sentirnos culpables, oponer resistencia ni autocompadecernos ante los demás.

«Compadecerte de ti mismo y contar tu historia a los demás te mantendrá atrapado en el sufrimiento.»

Eckhart Tolle

¿Cuál debe ser nuestra actitud? Hemos explicado lo que no debemos hacer, pero ¿qué podemos aprovechar de nuestra enfermedad? La enfermedad nos brinda una ocasión para reflexionar sobre nuestra vida, sobre su importancia y su inmenso valor. Cuando uno se encuentra bien, no se acuerda de los malos ratos que nos han hecho pasar las enfermedades. Por esta razón, la reflexión nos lleva a un estado único que nos permite alcanzar una cierta iluminación y darnos cuenta de la importancia de nuestro cuerpo y de nuestras propias capacidades para sanarnos.

Otro aspecto significativo que hay que tener en cuenta ante la enfermedad es el del tiempo. Debemos considerarla como independiente del pasado y del futuro. Debemos vivirla exclusivamente en el presente, en el aquí y ahora, y no estar recordando cómo sufríamos ayer o imaginando cómo podríamos sufrir mañana. Y, muy especialmente, tenemos que transmutarla, es decir, transmutar el miedo y la pena que nos produce por un intenso sentimiento de paz interior.

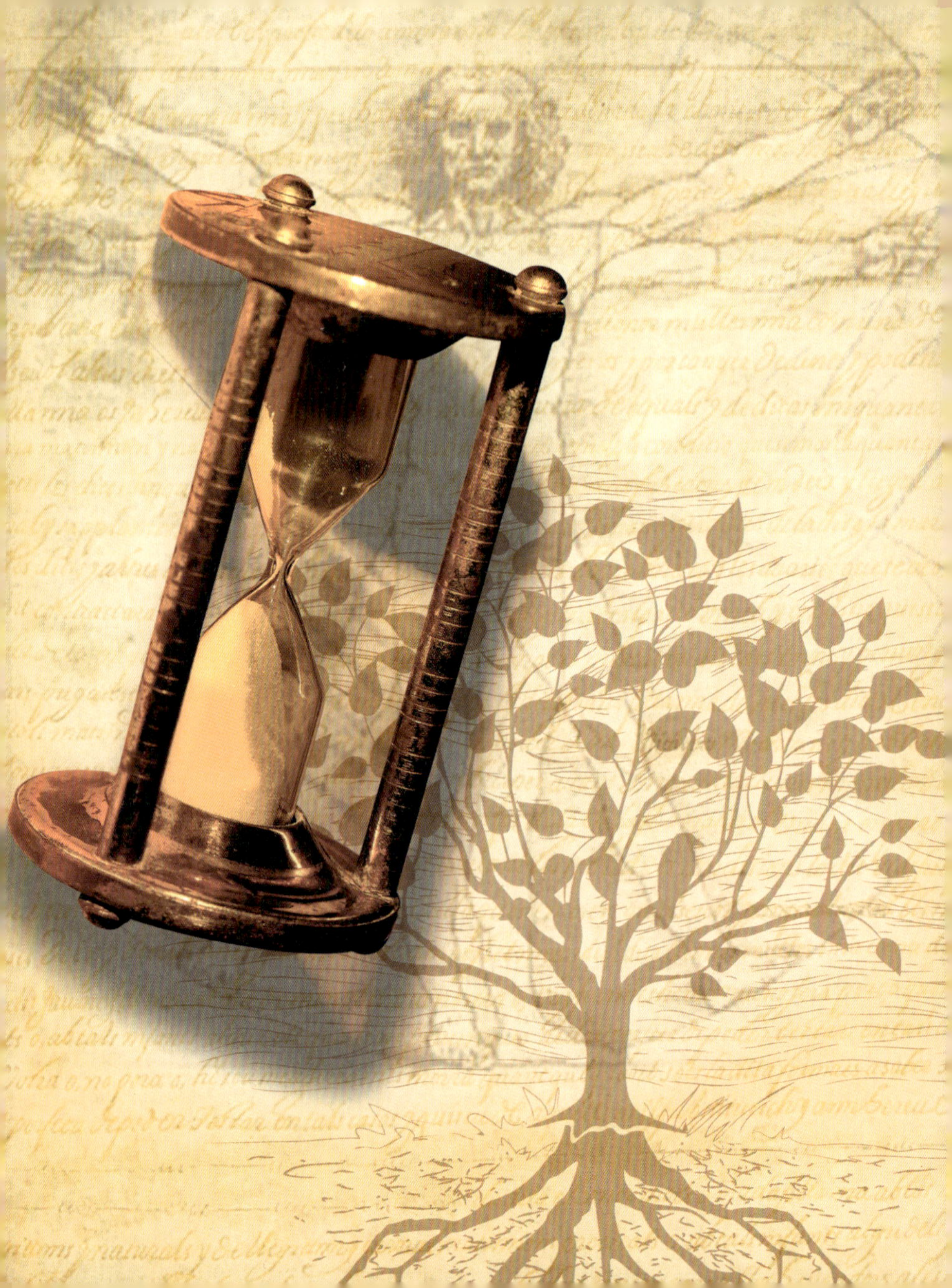

4.
El ego

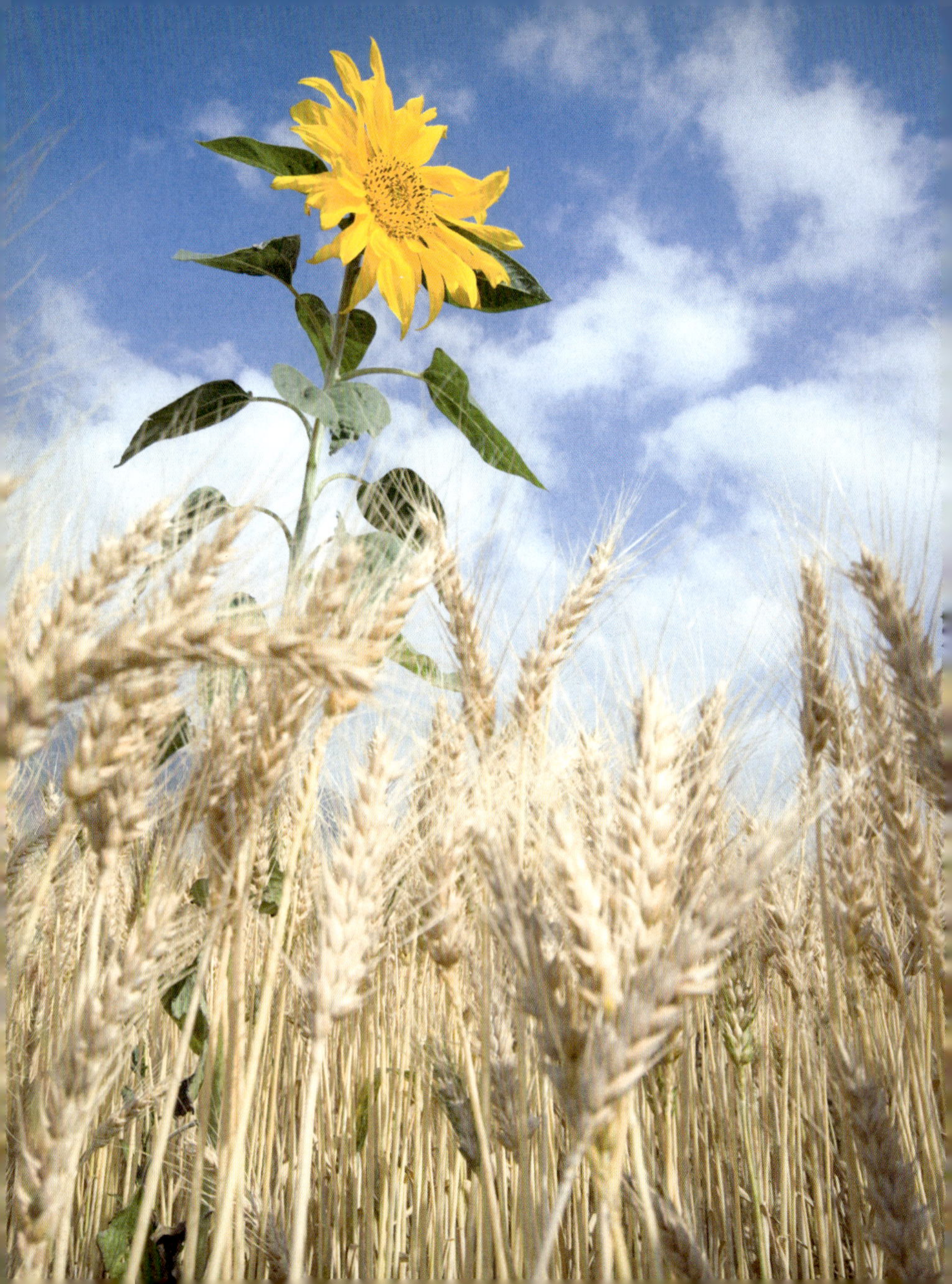

El ego: el gran destructor con sus diferentes yoes

El ego es ese yo interno que se encarga de exaltar, de una forma extremada, nuestra personalidad, hasta considerarla como centro de atención y actividad general. Con el ego nos sentimos el centro del universo, todo tiene que girar a nuestro alrededor y lo único importante somos nosotros, nuestras decisiones, nuestras opiniones y nuestras bromas. Indudablemente, esta exaltación de un yo interior, porque tenemos varios yoes, como veremos más adelante, corresponde en la evolución del carácter infantil a un estadio anormal, situado entre el egoísmo orgánico de los primeros años de infancia y una continuidad de este egoísmo en actitudes sociales posteriores.

«La mente egótica está completamente condicionada por el pasado.»

Eckhart Tolle

Es indudable que la educación infantil es la responsable de los egos desmesurados. El niño sufre una etapa en la que sólo existe él y nada más que él, ese es el primer estado de conciencia que tenemos, la primera noción del «yo» que poseemos. En ese estadio del niño, y en el estadio siguiente, sus sensaciones y percepciones giran únicamente en torno a él mismo. Sólo existe el «yo» y hay que defenderlo a toda costa. Si los tutores, padres o educadores permiten que perdure esta situación, nace un ser con un ego destructor. Por este motivo, hay que enseñar al niño que él no puede ser siempre el centro de atención, que hay otras personas, que tiene que aprender a escuchar y a compartir.

Un niño extremadamente mimado es un egocéntrico en potencia. El ego no es algo que se herede, no está en los genes, pero sí forma parte de los *memes*, esas unidades teóricas de información cultural que se transmiten de generación en generación. Un niño consentido será un ser egoísta el día de mañana y no sabrá diferenciar la actitud de sus padres de la actitud de las personas que le rodean.

«"Lo esencial es invisible a los ojos", repitió el principito para acordarse.»

Antoine de Saint-Exupéry, *El principito*

Curiosamente, los niñosególatras pierden una de las facultades más destacadas de la infancia: la capacidad de entrar en otras realidades. Los niñosególatras no acostumbran a tener amigos invisibles, ni un rincón escondido de la casa donde acceder a otros mundos. Los niñosególatras sólo piensan en su propio placer y sus deseos son siempre materiales.

El físico cuántico Fred Alan Wolf señala que los niños, hasta los cinco años, tienen la capacidad de atravesar otras realidades; lamentablemente, cuando van creciendo se les dice que dejen de jugar con sus amigos invisibles y de fantasear, y cuando llegan a los catorce años han perdido por completo la capacidad de contactar con otras realidades y otros universos. Si además el trato de los padres ha sido muy pragmático y materialista, el niño habrá perdido su capacidad de fantasía pero habrá desarrollado un gran ego.

Bajo este prisma, el yoególatra se disuelve en varios yoes que, como señala Robert Ornstein, autor de *La evolución de la coinciencia*, luchan para conseguir el control del cerebro y deciden por su cuenta lo que hacemos.

Los yoes son esa voz que tenemos en la cabeza que nos impulsa a actuar, a enfrentarnos a la vida adoptando diferentes posturas, algunas erróneas y otras acertadas, pero en su mayoría equivocadas, ya que no somos nosotros los que decidimos, sino nuestros yoes interiores, en sus diferentes papeles artísticos, melodramáticos, absurdos...

En realidad, esos yoes que componen el ego son consecuencia de nuestra vida pasada, de los pensamientos, de las emociones, de los traumas y de los bloqueos que hemos tenido.

«El ego consiste en pensamientos y emociones, en un puñado de recuerdos con los que te identificas.»

Eckhart Tolle

Muchos psicólogos insisten en que no somos una única persona, somos un muestrario de yoes. Por este motivo, es muy importante que sepamos identificar inmediatamente el yo que está actuando en nosotros en un momento determinado.

Ante este repertorio de yoes que nos invaden debemos preguntarnos constantemente: ¿qué tipo de «yo» es el que está actuando? Esta identificación nos permitirá anticipar nuestro comportamiento y conocernos a nosotros mismos. El segundo paso será anular ese yo y buscar, en el interior de nuestro cerebro nuestro único yo verdadero, el que no está manipulado por la ambición, el protagonismo, la envidia, la prepotencia, etc.

Puede que ante otra persona de sexo opuesto el yo que actúe sea el yo seductor, que imita a otros seductores que hemos visto en el cine o en la vida real, pero no será nuestro verdadero yo. Por esta razón, es importante identificar claramente cuál es el yo que actúa en cada momento de nuestra vida.

El lector se preguntará cómo puede saber cuál es su verdadero yo. Es muy sencillo, nuestro verdadero yo es espontáneo, no intenta demostrar nada, no trata de ocultar nada. Es el que se muestra cuando somos nosotros mismos, tal y como nos gusta ser en realidad.

Muchas parejas, cuando se conocen, se muestran de una manera diferente a como son en realidad, presentan un falso yo, tratan de dar una imagen de lo que en el fondo no son. Son conscientes de ello, pero creen que así lograrán seducir a la otra persona. En realidad, se trata de un yo que no podrá mantenerse mucho tiempo, y tarde o temprano desaparecerá y surgirá otro yo diferente que hará que la otra persona se sienta decepcionada. Este es el motivo de fracaso de muchos matrimonios o de muchas relaciones sentimentales.

El zen aconseja que el primer paso para combatir el ego sea la negación del yo como realidad fundamental de las personas y el destino.

«En la mayoría de los casos, cuando dices "yo", es el ego quien habla, no tú…»

Eckhart Tolle

Es evidente que negar el yo no es fácil, ya que en nuestro interior hay un yo entre otros muchos que aborrece que trabajemos con nuestra propia conciencia, que nos observemos a nosotros mismos. Ese yo sabe que nuestro triunfo significará la destrucción de todos los demás yoes.

En definitiva, el ser humano no tiene un yo individual. En su lugar, hay centenares y millares de pequeños yoes separados entre sí; yoes que se ignoran y que no mantienen ninguna relación entre ellos, incluso que pueden llegar a ser hostiles los unos con los otros. Cada ser humano es, pues, una multitud de pequeños yoes.

Resentimiento, envidia, quejas y rencores

Esos yoes que nos invaden encarnan cientos de roles en nuestra personalidad, actúan mecánicamente, sin que nosotros los activemos, están impulsados por situaciones externas, emociones, recuerdos.

«Al ego le encanta quejarse y sentir rencores, no sólo de otras personas, sino también de las situaciones.»

Eckhart Tolle

Los resentimientos, la envidia, las quejas y los rencores son manejados eficazmente por nuestros yoes. Así, parece que nos gusta recordar los resentimientos que tenemos hacia determinadas personas. Desatamos esa verborrea mental recordando, por ejemplo, cómo una persona hirió nuestro ego al dejarnos en ridículo frente a otros o al mostrar nuestra falta de habilidad en determinadas funciones. En otras ocasiones son las envidias las que invaden nuestra mente, envidias manejadas por un yo que desea tener más o mandar más. Recordemos que no somos nosotros los que nos quejamos ante los demás, es un yo interior que quiere que le escuchen o le compadezcan, que quiere que le presten atención y le digan palabras de consuelo. Ese yo se calmará cuando alguien nos dé la razón, pero si no es así y nos sentimos rechazados por el hecho de quejarnos sobre un determinado asunto, ese yo se aliará, momentáneamente, con el yo del rencor en contra de quien nos ha agraviado.

En realidad, los resentimientos, las envidias o los rencores no tienen una identidad verdadera. Son sólo circunstancias que pueden crearnos traumas y bloqueos en determinadas partes de nuestro cuerpo. Pero no tienen ningún peso específico, no son algo real, sino algo que ha fabricado la mente y, por lo tanto, independiente de la experiencia. Un ejemplo de su poca entidad lo tenemos en una narración zen, en la que el discípulo le explica a su maestro que siente envidia de los otros discípulos, que les guarda rencor porque en ocasiones le han gastado bromas, y que no puede evitar albergar en su interior cierto resentimiento hacia ellos. El maestro le pide al discípulo que extienda delante de él la palma de su mano, cosa que el discípulo hace, obedientemente. A continuación, el maestro le ordena al discípulo que ponga en la palma de su mano esos sentimientos negativos: la envidia, el rencor... El alumno obedece y trata de llevar a la palma de su mano esas formas incorpóreas. Luego, el maestro le pregunta si están todas allí. El discípulo le contesta que sí. Con seriedad y dureza el maestro le pregunta: ¿cuánto pesan? Y el alumno se ve obligado a admitir que no siente ningún peso. Esa es la realidad de los sentimientos negativos que circulan por nuestra cabeza.

Para alcanzar el yo indivisible, el ser humano debe liberarse de una multitud de pequeños apegos y de identificaciones que lo mantienen en la situación actual. Muchas personas están apegadas a su imaginación, a su estupidez, a los sufrimientos. Es el caso del individuo que se agarra a la enfermedad y al sufrimiento para, en el fondo, recibir la compasión o la atención de los demás. Es el comportamiento del niño que dice encontrarse mal para ser objeto de los mimos y la atención de su madre o su padre.

Debemos librarnos de estos apegos, ya que lo que hacen es mantener vivos en los seres humanos miles de yoes inútiles. Estos yoes deben morir para que nuestro verdadero ser persista y aflore en una realidad única.

Tener o no tener razón, ¿importa?

Al ego le resulta sumamente importante no ser descalificado, mantener su razón por encima de los demás. Tener razón es una forma de poder, de conseguir que nadie sea capaz de llevarnos la contraria, de ensalzar nuestra egolatría y prepotencia por encima de los demás.

Cuántas veces nos hemos equivocado pero hemos mantenido nuestra postura inflexible, provocando a largo plazo males irremediables a causa de nuestro ego orgulloso que no ha querido dar el brazo a torcer. En ocasiones creemos que la actitud de una persona es absolutamente errónea, y esa convicción nos atormenta continuamente. Un ejemplo muy claro de ello lo podemos ver en este breve cuento de la enseñanza zen:

> *Dos monjes volvían por la noche a su templo. Había llovido y el camino estaba muy embarrado. Llegaron a un cruce donde había una bella muchacha incapaz de cruzar la calle sin mancharse sus zapatos y su vestido. Uno de los monjes la cogió en brazos y la cruzó al otro lado ante la atenta mirada de su compañero. Seguidamente, los dos monjes continuaron su camino en silencio. Aquella noche, el monje que*

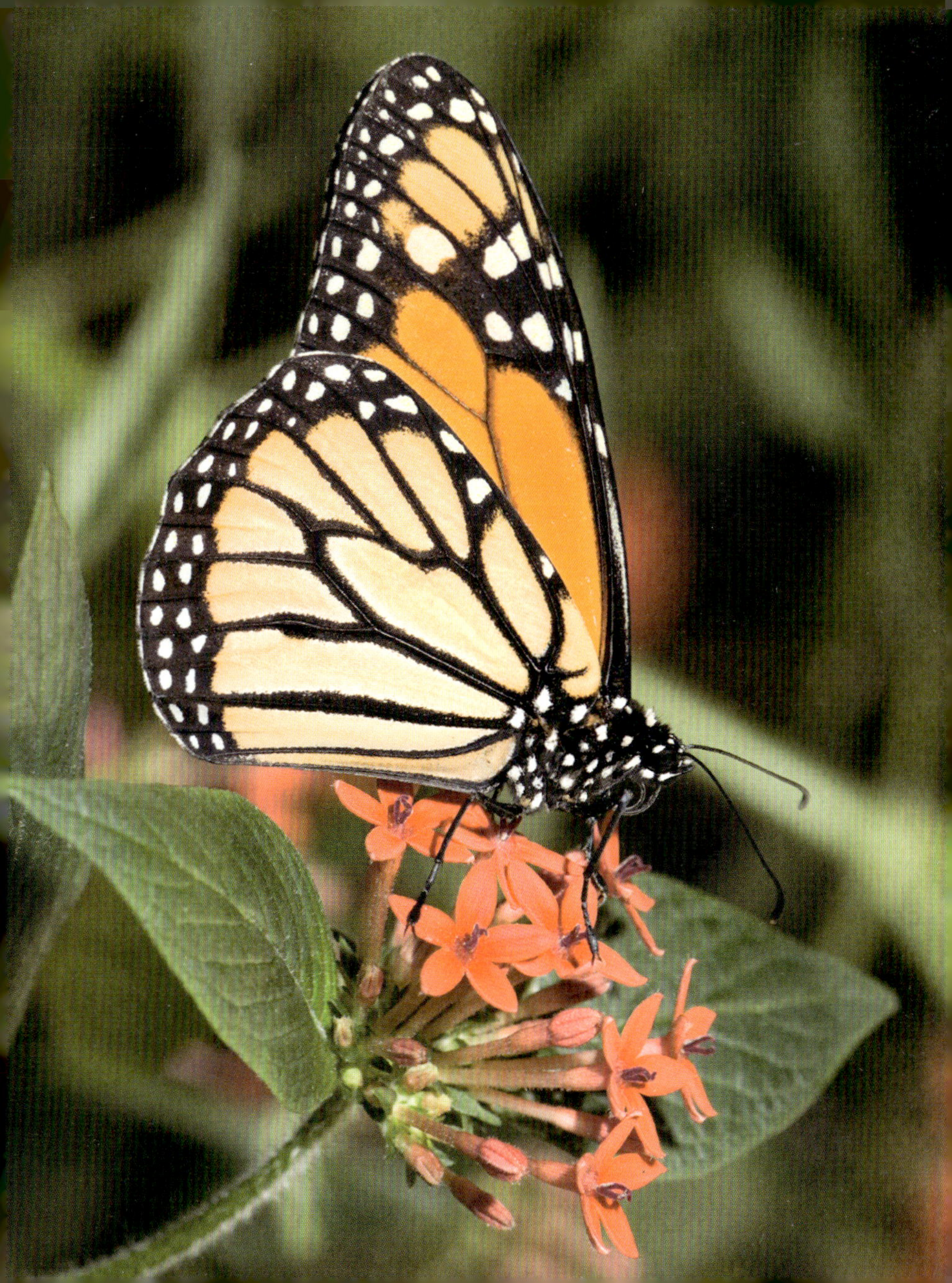

había visto cómo su compañero cogía en brazos a la muchacha, incapaz de contenerse durante más tiempo, dijo al otro monje:

—¿Cómo has podido hacer eso? Los monjes no podemos ni debemos mirar a las mujeres, y mucho menos tocarlas si son jóvenes y bellas.

El otro monje le contestó:

—Yo he dejado a la muchacha allí… ¿tú aún la llevas?

Regresemos al tema de tener o no tener razón, un tema que es importante en relación con la persona con la que estemos discutiendo. Si nuestro oponente es honrado pero está equivocado, vale la pena esforzarse en demostrar su error. Pero si es evidente que jamás estará dispuesto a aceptar su error, toda discusión es inútil, estéril e infructuosa. ¿Por qué debemos malgastar nuestro tiempo y nuestra energía en convencer a otro ego que no admitirá nunca estar equivocado? Es más importante que dirijamos nuestros esfuerzos hacia otros fines, ayudando a otras personas dispuestas a dialogar y a aprender. Un dicho sufí[2] señala que el que sabe, pero no sabe que sabe, está dormido: hay que despertarlo. Al que no sabe, y sabe que no sabe, y desea aprender, hay que enseñarle. Pero al que no sabe e ignora su ignorancia, hay que rechazarlo.

«No reaccionar al ego de los otros es una de las maneras más eficaces de superar el propio ego.»

Eckhart Tolle

Como bien explica Eckhart Tolle, la manera más eficaz de superar el propio ego es no reaccionando ante los egos de los demás. Esta es una lección que debemos aprender y poner en práctica cuando nos vemos arrollados por el huracán de un ego externo que pretende arrasarnos con su prepotencia. La indiferencia es el mejor camino que podemos seguir, un camino que no desperta-

---

[2] Deberes de los maestros según Al Khalil ibn Ahmad, recogidos por Al-Ghazzali en *Renacimiento de las ciencias religiosas*.

rá nuestros egos interiores para que se lancen a la defensiva con sus diferentes yoes. El enfrentamiento es lo que satisfaría a nuestro ego, sería la excusa necesaria para esgrimir su poder tratando de demostrar al rival que es más que él. Pero ¿de verdad merece la pena esta confrontación de egos? Por otra parte, podemos estar seguros de que cuando renunciamos a la confrontación, cuando nos limitamos a despreciar a nuestro rival, su ego sufrirá más que si lo hubiéramos vencido en un enfrentamiento dialéctico.

Villanos, víctimas, trepadores y unas cuantas ratas

En el mundo nos enfrentamos a todo un abanico de individuos que son víctimas de sus yoes o de sus identificaciones con otros personajes que les sirven de ejemplo. Veamos algunos casos muy característicos.

Hay villanos manejados por un yo que les induce a la maldad, posiblemente porque han vivido siempre en ella y creen que esa es la única postura que les permitirá sobrevivir. La villanía no es más que la consecuencia de un yo con recuerdos de malos tratos o de una vida llena de traiciones y de rencores enquistados.

> «Cuanto más ceremonial rodea a un personajillo, más puede apostarse por su insignificancia; cuantas más titulaciones aparecen en su tarjeta con letras en relieve de catedrático, más vacuas y rutinarias son sus opiniones sobre cualquier tema…»
>
> **Fernando Savater (filósofo y escritor español)**

El yo que se identifica con el victimismo trata de llamar la atención de los demás mostrando de una forma exagerada que es un ser atormentado por las circunstancias que le rodean. Para ese yo, todo lo que ocurre es culpa de los demás, nunca es culpa de un ego que quiere llamar la atención mostrando a un pobre desgraciado, a una víctima de la sociedad y del comportamiento de los demás. Sepamos que todo lo que nos sucede en la vida es responsabilidad nuestra, consecuencia de nuestros errores. Si hemos fracasado en algunos aspectos de nuestra vida, es debido a que no hemos elegido adecuadamente los lugares o los momentos o las personas. Pero el yo interior, por una cuestión de ego, tiende siempre a culpar a los demás.

El ego trepador es aquel que nos impulsa a conseguir aspectos sociales de la vida a cualquier precio. A este yo no le importará cuántas personas vamos a dejar tiradas por el camino; sólo le importan los objetivos que culminarán su pretendida felicidad. No hay mucha diferencia entre el comportamiento de una rata y el de este ego cruel capaz de vender a los amigos, si es que en algún momento los tuvo, o de sacrificar a los más próximos sólo para alcanzar una gloria que siempre será efímera.

Este tipo de egos vive de las adulaciones; ese es el alimento para el yoególatra que se irá sintiendo cada vez más ensalzado. Es lo que le llevará a desear continuamente más y más cosas y a sentirse cada vez más superior; pero todo ello no es sino un espejismo, apoyado por uno de los yoes interiores.

«¡Ojalá se te cumpla todo lo que deseas en este mundo, hasta lo más grande!»

Insulto sufí

En realidad, el error más grave que podemos cometer es creernos que somos perfectos, que todo lo que hacemos lo hacemos bien, y que cuando no es así, como ya hemos explicado antes, la culpa es de los demás, nunca nuestra, porque nosotros somos perfectos. Admitir que la perfección no existe es una de las formas de combatir nuestro ego. Un cuento sufí, referente a Nasrudin[3], nos muestra este aspecto de la perfección:

Un día le preguntaron a Nasrudin por qué no estaba casado, y este respondió: Porque no he encontrado a la mujer perfecta. Los que le habían hecho la pre-

---

[3] Personaje popular de los cuentos de la tradición sufí.

gunta insistieron en que especificara más este hecho, y Nasrudin les contó:

—Un día en Bagdad encontré a una bailarina del vientre asombrosamente bella y cariñosa, sin embargo, era inculta…, no era la mujer perfecta. En El Cairo encontré a otra mujer muy culta y cariñosa, pero era terriblemente fea…, tampoco era la mujer perfecta. Finalmente, en Marrakech encontré a una mujer cariñosa, bella y muy culta, era la mujer perfecta…, pero no me pude casar con ella.

Quienes escuchaban su historia preguntaron:

—¿Por qué no te casaste con ella?

—No me casé con ella -les respondió Nasrudin- porque ella también estaba buscando al hombre perfecto.

La ilusión de la unidad

Nos creemos que somos un ser único que decide todo lo que hacemos en esta vida. Sin embargo, son nuestros diferentes yoes internos los que están decidiendo por nosotros continuamente. Incluso a usted mismo, lector, cuando lee este capítulo, le brota una voz interior que contradice lo que aquí aparece reflejado. Es uno de los yoes que tienen mucho que perder si usted decide liberarse de ellos, si decide no escucharlo y ser libre verdaderamente.

> «La liberación consiste en liberarse de uno mismo, en liberarse de la imagen de quien creemos ser. Eso es la liberación. Es toda una revelación ver que no somos nada, y después vivir completamente en sintonía con ese nada.»
>
> **Jean Klin,** *Voces sanadoras*

La renuncia es liberación de los apegos, una libertad interna. La liberación empieza cuando comenzamos a identificar nuestros yoes, cuando no nos apegamos a ellos ni a las cosas materiales, cuando decidimos que sólo nos interesa nuestro verdadero ser.

«Todo lo que el ego busca son sustitutos del ser que no puede sentir.»

Eckhart Tolle

La liberación es dominar nuestros impulsos, saber escuchar y comprender, no apegarnos a nada y no identificarnos con nada. Lamentablemente, hemos creado un sistema, una forma de vida, que nos rodea de objetos materiales a los que queremos apegarnos. Incluso, también queremos poseer a aquellas personas por las que sentimos más aprecio, queremos que sean dominadas por ese yo posesivo que no sabe que el amor no consiste en tener, sino en comprender a la otra persona. También estamos rodeados de arquetipos con los que nos identificamos, y, por lo general, siempre se trata de los arquetipos más devastadores para nuestro ser. Como ya hemos comentado, sólo encontraremos la auténtica libertad interna liberándonos de esos apegos y de ese tipo de identificaciones. Y camino hacia esta liberación empieza no escuchando los yoes internos que nos acechan.

Ser más, no querer más

Desde la temprana infancia, el sistema social en el que estamos inmersos potencia nuestros yoes interiores para que nos apeguemos a las cosas y deseemos tener cada vez más; más coches, más casas, más poder, más dinero, etc. Ya desde la escuela se nos educa dentro de un sistema competitivo en el que sólo el que consiga más será quien acabe triunfando. Sin embargo, se olvida que lo verdaderamente importante no es tener más, sino ser más, ser más en calidad, ser más en conocimiento, ser más en virtudes.

«Incluso teniendo cubiertas nuestras necesidades materiales, muchos nos sentimos perdidos y sin esperanza.»

Fred Alan Wolf, *La mente en la materia*

Triunfar en la vida parece ser el único objetivo importante que pervive entre nuestros yoes interiores. Pero el triunfo en la vida es algo muy relativo. Se puede haber triunfado en un aspecto y haber fracasado en otros muchos. Hay miles de personas que han triunfado en sus empresas, en sus puestos directivos, pero que cuyas vidas familiares son un auténtico fracaso; o son seres que no tienen ningún tipo de vida interior, que viven como autómatas en un mundo de autómatas, sin ser conscientes de su propia existencia. Como veremos en el próximo capítulo, son personas que no viven el presente, y, al final de sus vidas, cuando llegue el momento de abandonar este mundo, se darán cuenta de que para ese viaje no precisamos equipaje, y de que todo por lo que hemos luchado se queda aquí. El lector podrá argumentar que luchamos por nuestras familias, por dejarles un futuro "labrado". Lamentablemente, muchos de los que ya se han ido no han podido ver cómo se ha dilapidado ese futuro, a veces, en muy poco tiempo.

Sólo cuando empecemos a buscar dentro de nosotros, a tener conciencia de nuestras acciones y de nuestra propia existencia, despertaremos y descubriremos nuestro verdadero ser, ese día "seremos" realmente. Entonces, nos comunicaremos y conectaremos los unos con los otros, incondicionados, conscientes y despiertos, en un abrazo de ser a ser.

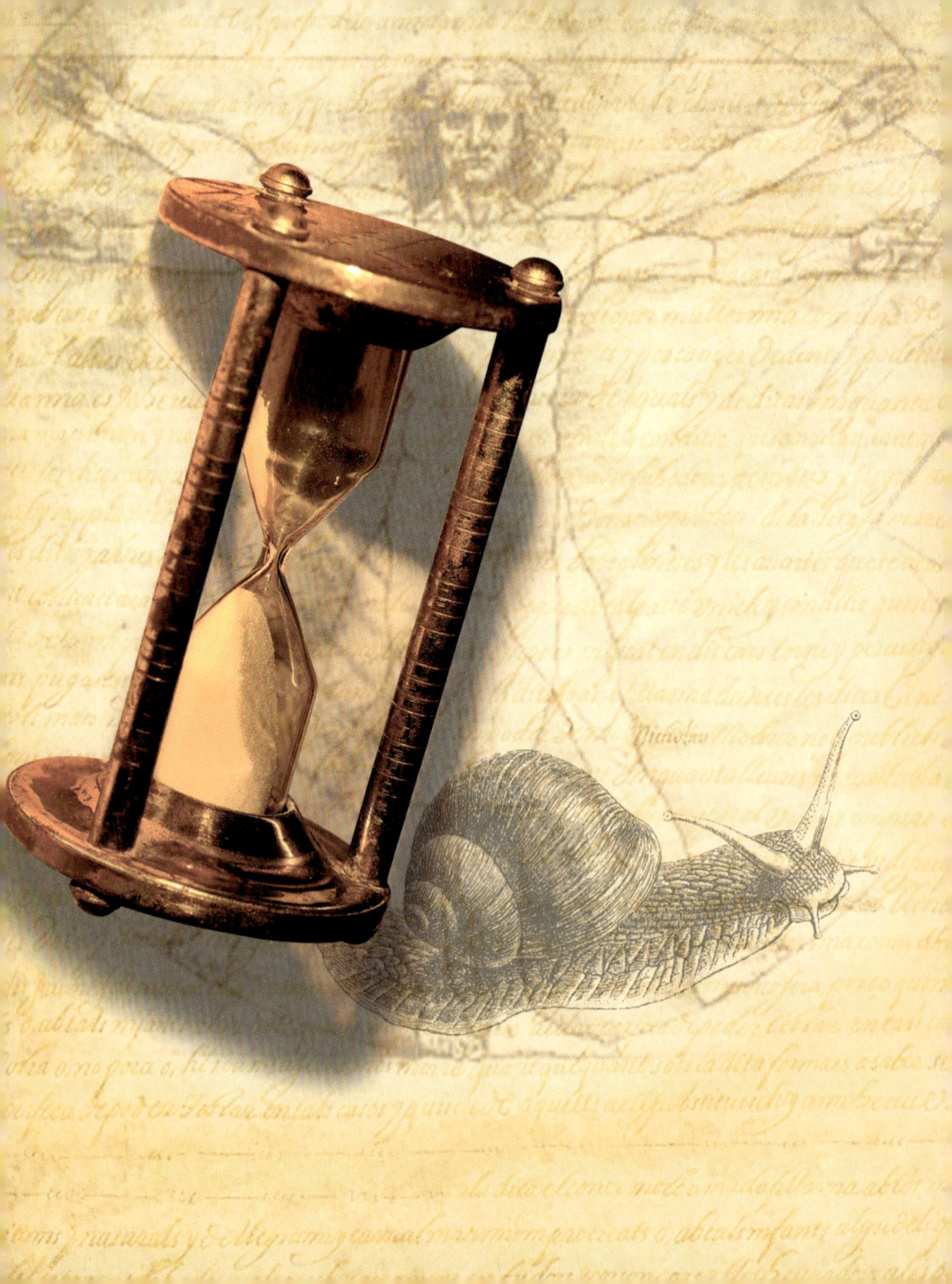

5. Viviendo el eterno presente

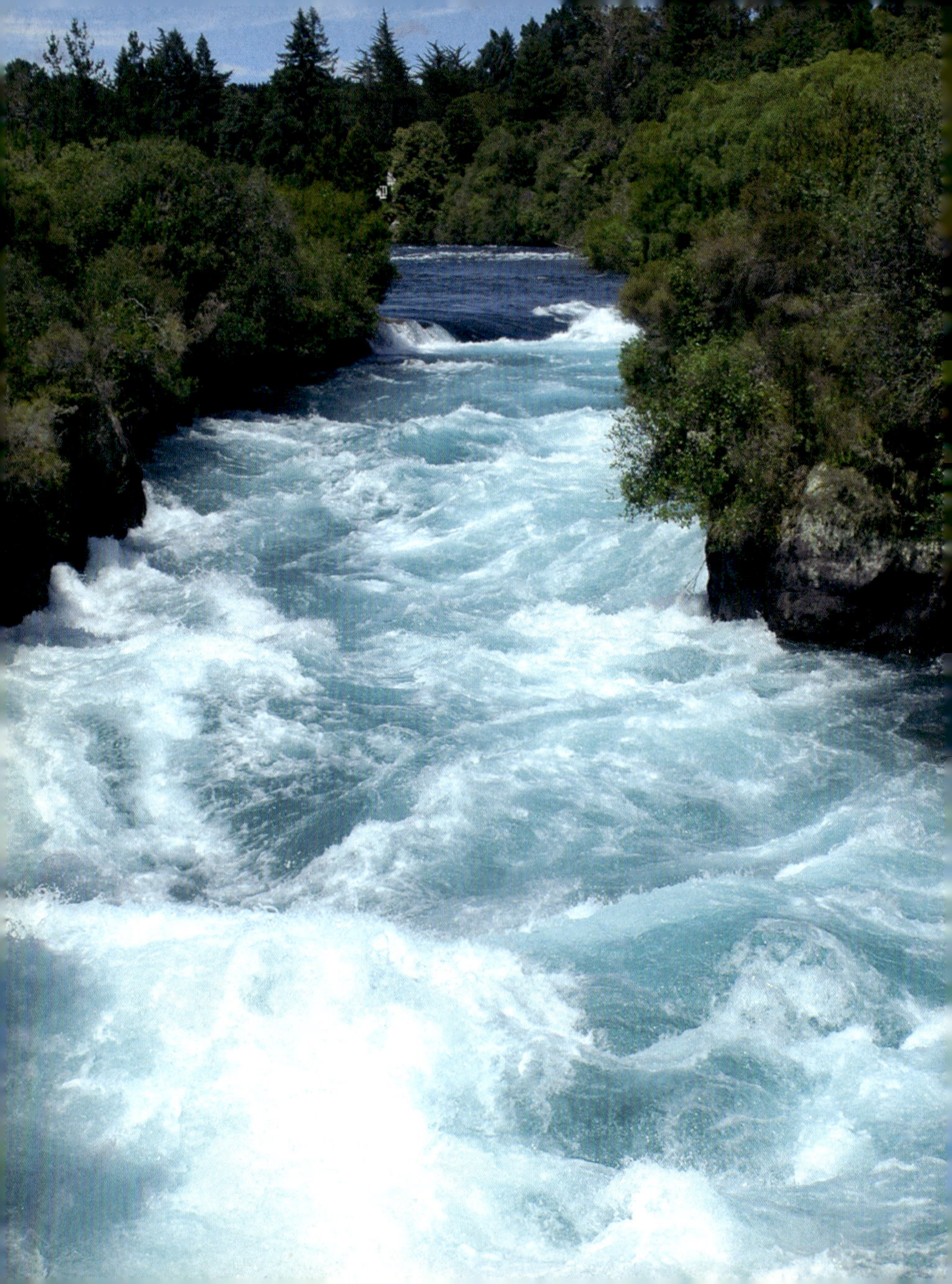

El aquí y ahora

El aquí y ahora es el centro de todo nuestro ser, aunque nos creamos instalados en un flecha de tiempo que avanza desde el pasado hacia el futuro, la realidad es que nosotros siempre estamos en el presente. Vivimos un eterno presente, siempre es «aquí y ahora» para nosotros. El pasado es algo que ya ha transcurrido, una etapa que no podemos modificar, una etapa que, incluso cuando pensamos en ella, no lo hacemos sino desde el presente. El futuro es otra etapa diferente, que debemos aún alcanzar y que se forjará dependiendo de cómo construyamos nuestro presente.

A veces es preciso pensar en trazar planes para el futuro, pero debe hacerse desde la perspectiva del aquí y ahora, ya que en realidad es en ese punto donde forjamos el futuro.

«Nada ocurrió nunca en el pasado; ocurrió en el ahora. Nada ocurrió nunca en el futuro; ocurrirá en el ahora.»

Eckhart Tolle

Ni el pasado ni el futuro debe influenciar nuestros pensamientos. Nuestros pensamientos son en el presente y esa es nuestra libertad.

El pasado es algo que ya no podemos modificar y los errores que cometimos en él son intocables; por tanto, no debemos mortificarnos por lo que hicimos; como máximo, debemos aprender de esos errores para no volverlos a cometer en el presente, ya que eso sería hipotecar nuevamente nuestro futuro. El presente es lo único que tenemos, no es el tiempo, es un instante que estamos viviendo de una forma eterna, perenne, única. Todo es presente, y en este instante dado construimos nuestra vida, la vivimo.

Vivir el presente, la vida consciente.

Para vivir el presente hay que prestarle más atención a lo que hacemos que a lo que nos rodea. Tenemos que considerar que a nuestro alrededor existen miles de excusas que compiten por distraer nuestra atención, por impedir que vivamos activamente nuestro presente; así que lo primero que debemos hacer es acordarnos de nosotros mismos, saber que estamos aquí, en el mundo, y cómo somos nosotros.

«La mente se encuentra siempre errante de un pensamiento a otro. Ser capaz de mantenerla dentro del cuerpo significa estar totalmente presente, aquí y ahora, en el instante que conecta lo temporal con lo eterno.»

Seyyed Hossein Nasr, *Sufismo vivo*

El ser humano ha nacido para tener conciencia de sí mismo; sin embargo, se comporta, durante la mayor parte de la vida, como un autómata que no está dentro de su cuerpo, que vaga por las ciudades caminando automáticamente con sus pensamientos sumidos en historias del pasado e ilusiones del futuro. La vida consciente consiste en vivir el presente, observar lo que nos rodea desde una perspectiva interior, una perspectiva de conciencia de uno mismo.

«Todo es ilusión, salvo el presente. Para estar presente hay que interesarse más en lo que nos rodea que en la imaginación.»

Robert E. Burton, *El recuerdo de sí*

Como advierten las enseñanzas hinduistas, todo lo que nos rodea es ilusión, es un mundo «maya»[4]; aceptamos el mundo fenoménico como la realidad porque no conocemos nada más real. Señala Robert E. Burton que debemos interesarnos más en lo que nos rodea que en la imaginación, debemos observar más el entorno desde una conciencia del presente (es decir, yo soy quien observa y ve lo que pasa), sin que nuestra imaginación nos lleve a recuerdos del pasado ni a historias ficticias del futuro.

Existe una leyenda de la mitología egipcia que guarda relación con el hecho de recordar las cosas, pensar y reflexionar. La leyenda destaca que el dios Thot alardeaba ante otros dioses de haber enseñando a escribir a los hombres. El dios Ra le preguntó cuál había sido su propósito con esa enseñanza. Thot contestó que el propósito había sido ayudar a los hombres a recordar las cosas. El dios Ra se rio a carcajadas y le dijo que lo que había dado a los humanos era el medio de olvidar cuanto sabían, que a partir de ese momento se limitarían a anotar las cosas como idiotas que no piensan ni reflexionan y que no ejercitarían su memoria.

La vida sin conciencia del presente puede ser causa de muchas enfermedades mentales que, con el tiempo, llegan a afectar a nuestro cuerpo físico. Si vivimos pensando en el pasado, con frustraciones por lo que no hemos alcanzado o remordimientos por acciones erróneas que hemos cometido, sólo nos estamos creando traumas y bloqueos interiores que, tarde o temprano, desen-

---

[4] Ilusión en la visión. Existencia fenoménica que produce una realidad de apariencias.

cadenarán enfermedades. Si, por el contrario vivimos inventándonos historias acerca del futuro que queremos que se materialicen, corremos el riesgo de que esas historias fracasen, por lo que nuevamente nos sentiremos frustrados. Así que el único camino es vivir el presente, el aquí y ahora, disfrutando de nuestra vida en este mundo.

> «Estar identificado con la mente es estar atrapado en el tiempo. Vives compulsivamente, y casi exclusivamente, mediante el recuerdo y la anticipación.»
>
> Eckhart Tolle

Sólo cuando se tiene conciencia, tanto del estado inconsciente como del estado consciente, es cuando empezamos a sintonizar correctamente con la vida.

Ser, observar y vivir el presente

Para vivir el presente debemos observarnos a nosotros mismos. Sin embargo, aborrecemos hacerlo; nos aburre, pese a que es lo más importante que podemos hacer, ya que sólo entendiendo nuestra estructura íntima, nuestra psiquis, nuestro sentir y pensar, conseguiremos vivir correctamente el presente. Por otra parte, si aborrecemos observarnos a nosotros mismos es porque generalmente nuestra vida, comportamiento y forma de ver el mundo es aburrida. Pero si insistimos en observarnos, nos daremos cuenta de aspectos muy interesantes de nuestro comportamiento. Para ello, debemos no sólo contemplar, sino también analizar nuestra conducta y nuestra forma de ver el mundo.

Así, vemos que la necesidad de observarnos a nosotros mismos se convierte en algo esencial. El esfuerzo radica en pasar del estado de vigilia ordinario al estado de vigilia superior. A un estado de alerta constante.

Muchas filosofías orientales, incluso el Cuarto Camino de Gurdjieff[5], señalan que el hombre ha nacido para recordarse a sí mismo, pero como fue criado entre gente dormida, se ha olvidado de hacerlo. En el último capítulo de este libro abordaremos el tema de estar dormido y de la forma de despertar. Ahora, insistamos más ampliamente en el tema de recordarnos a nosotros mismos a través de la auto-observación.

Si nos observamos sinceramente, nos daremos cuenta de que vivimos como robots, de que pasamos la mayor parte del día sin tener conciencia de nosotros mismos y de que, por tanto, no vivimos el presente. Nos movemos y respiramos inconscientemente, sin darnos cuenta de nuestros movimientos y de lo importante que es la respiración para nuestra salud, armonía y equilibrio. Creemos que son funciones que se producen automáticamente, y eso es un gran error, porque todo depende de nuestro cerebro, y debemos ser nosotros quienes lo dominemos a él y no él a nosotros.

«Mantente presente como observador de tu mente, de tus pensamientos y emociones, así como de tus reacciones a las diversas situaciones.»

Eckhart Tolle

Sabemos que el método fundamental para el estudio de uno mismo es la observación. Sin una observación de nuestro ser, nuestra mente, nuestro comportamiento, no comprenderemos nunca por qué suceden las cosas, seremos como un robot que actúa mecánicamente aunque todo a su alrededor se esté derrumbando. Nosotros mismos, nuestro ser y la conciencia de existir es mucho más importante que la vida artificial, social y mundana que nos rodea. Rudolf Steiner señala a este respecto: «... es importante apartarse de los pensamientos de los asuntos mundanos y elevarse hasta aquellos que le conciernan, no sólo a uno mismo, sino al ser humano en general... Quien procure este modo de poner orden en su vida

---

[5] El maestro de Armenia George Ivanovich Gurdjieff aprendió todos sus conocimientos de fuentes sufíes y budistas.

anímica llegará, en la observación de sí mismo, a un nivel en el cual considerará sus asuntos personales con la misma serenidad que sí fueran ajenos.»

Sí, a través de la observación de nosotros mismos aprenderemos a distinguir los momentos de conciencia y los largos periodos de mecanicidad, también veremos en los demás en qué momentos son conscientes de lo que hacen y en qué momentos se están comportando como auténticas máquinas. Esto nos ayudará a comprendernos más a nosotros mismos y a los demás. Sabremos el porqué de muchas acciones que llevan a cabo las personas, y en cuáles ha intervenido el ser consciente y en cuáles el autómata.

«Conócete a ti mismo.»

Quilón de Esparta (inspirándose en Tales de Mileto)

El principal paso para la autoobservación es dirigir la atención sobre nosotros mismos sin permitir que se debilite. Cuando nos damos cuenta de que hemos estado atentos a nosotros mismos durante un largo periodo de tiempo, descubrimos que han sido momentos muy emocionales y llenos de plenitud.

Una forma de alcanzar el estado de autoobservación consistiría en realizar un paseo por una larga avenida de nuestra ciudad. Iniciamos este recorrido tratando de ser conscientes de nosotros mismos, de que somos nosotros los que damos instrucciones a los músculos de nuestro cuerpo para andar por la calle. Durante ese recorrido trataremos de que ningún pensamiento nos interrumpa, porque sólo estaremos disfrutando el momento presente, sin que los recuerdos del pasado nos distraigan ni la imaginación de historias futuras nos interrumpa. Observaremos que el proceso no es sencillo, porque hay cientos de cosas que llaman nuestra atención y quieren apartarnos del momento presente. Una sirena de una ambulancia nos puede retrotraer a recuerdos de accidentes que hemos vivido; una persona que se cruza con nosotros desata nuestra libido y provoca todo tipo de fantasías sexuales; el anuncio luminoso de un producto nos abre el apetito o despierta nuestra sed… En fin, hay una larga serie de factores que puede apartarnos de estar en el aquí y ahora.

Pasamos soñando despiertos la mayor parte de nuestra vida, soñamos fantasías y recuerdos. Es una tendencia de nuestro cerebro para evitar que nos enfrentemos a problemas profundos sobre la verdadera realidad de la vida y de nuestra existencia. El cerebro trata de mantener al cuerpo que lo contiene ajeno a los problemas, y repite experiencias agradables o, en algunos casos, como es el de los masoquistas, desagradables. De cualquier modo, es una experiencia equivocada y que nos aleja del presente.

En definitiva, el ser humano que no se recuerda a sí mismo se convierte en una máquina. Es un ser que no puede detener el flujo de sus pensamientos, que no puede controlar su imaginación, sus emociones o su atención. No ve el mundo real que está oculto por el muro de su imaginación; su vida no es más que un sueño.

«Soy simplemente lo que soy... vivo en el presente.»

Henry D. Thoreau (filósofo y escritor estadounidense)

Identificarse y vivir personajes ficticios

La identificación forma parte de ese deseo de sentir como propio lo que observamos en los demás. En realidad, es una actividad peligrosa porque dejamos de ser nosotros mismos para imitar o copiar un ejemplo que, en ocasiones, es mucho peor que nosotros. El hecho de no recordarse a uno mismo lleva a una constante identificación con todo lo que llama nuestra atención. A veces nos identificamos con ese personaje de cine o televisión que tanto nos agrada y queremos imitarlo en su comportamiento, dejando de ser quien somos y olvidándonos de nosotros para vivir como un personaje que, generalmente, ha sido creado por los guionistas televisivos.

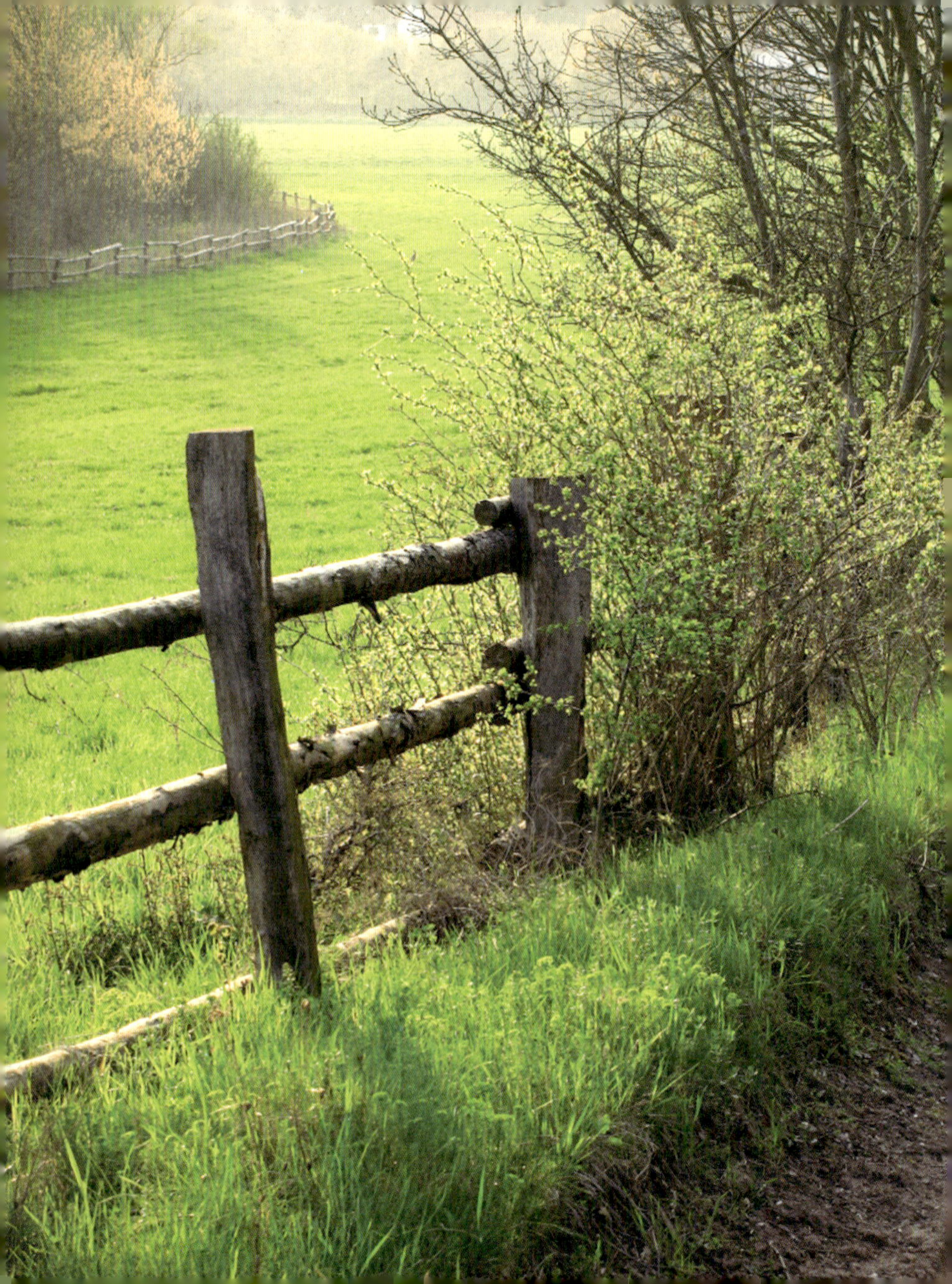

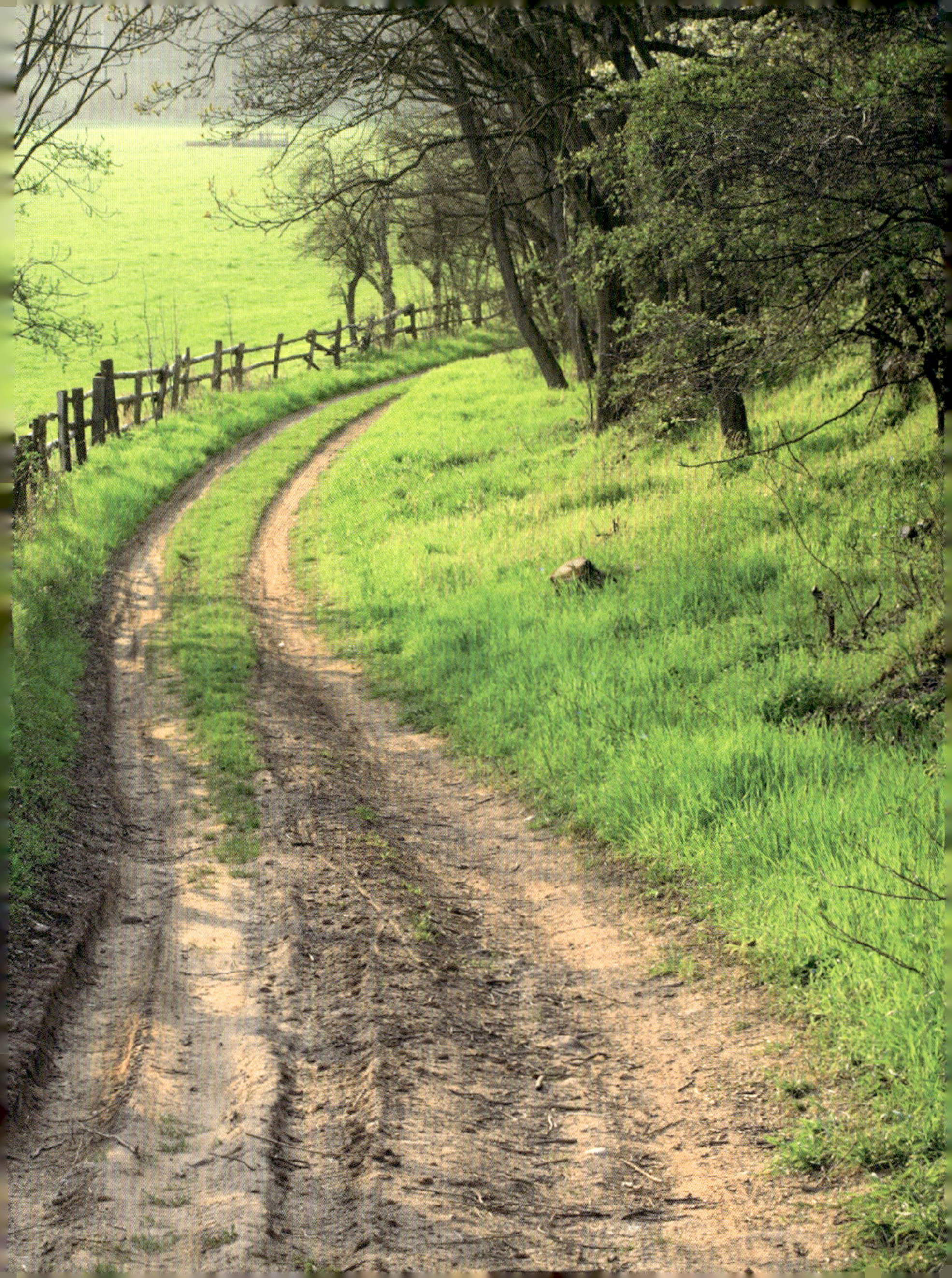

> «No hay en todo el universo, para la Unidad, ningún lugar más perfecto de manifestación que tú mismo cuando alcanzas el centro de ti mismo, después de romper todas las ataduras.»
>
> **Proverbio sufí**

La realidad es que existen muchas personas que están siempre identificándose con sus personajes favoritos, y que, como mucho, lo que hacen es cambiar eventualmente el objeto de esa identificación. Queremos hablar como fulano, o vestir como mengano, o ser más carismáticos, etc. Cuando llegamos a este punto de identificación, dejamos de ser nosotros.

La identificación es uno de nuestros peores enemigos, porque penetra en nuestro ser, no deja lugar en nuestro cerebro para vivir el presente. Para librarse de la identificación, el ser humano debe permanecer siempre en guardia y ser despiadado consigo mismo. Uno no debe tener miedo de desenmascarar todos aquellos comportamientos propios que sean víctimas de la ilusión. La identificación a través del cine, la televisión, las revistas del corazón y otros medios, no hacen más que condicionarnos y manipularnos, llevarnos a vivir otras vidas que no son la nuestra.

La identificación es el principal obstáculo para el recuerdo de nosotros mismos. Si nos identificamos con otros arquetipos, terminamos siendo incapaces de recordarnos. Por tanto, para recordarnos a nosotros mismos, primero es necesario no identificarnos con nadie.

La ilusión del tiempo: sólo existe el presente

Insistiremos sobre la ilusión del tiempo y la necesidad de vivir el presente. Sólo pensando en el presente conseguimos evitar esa dualidad de pasado y futuro. Debemos pensar en el presente con la idea de que, cuando llegue el mañana, pensaremos en el mañana. Mientras tanto, cada momento es completamente nuevo y lo verdaderamente importante es lo que hagamos en ese momento.

> «Mientras sigas haciendo una diferencia entre la eternidad y el tiempo, estarás en el tiempo.»
>
> André Comte-Sponville, *El alma del ateísmo*

Los Upanishad, textos filosóficos del antiguo hinduismo que forman parte de las tradiciones más antiguas de la humanidad, insisten en la ilusión del tiempo, y exhortan a combatir el concepto «tiempo» de la mente humana.

Muchas otras tradiciones consideran la relatividad del tiempo como una ilusión de la mente humana. Por otra parte, a través de las nuevas tendencias psicológicas, como la psicología transpersonal, sabemos que el tiempo no existe en el mundo onírico. El pensador Eduard Punset señala que el proceso del sueño permite romper las barreras del espacio y del tiempo. Un sueño de unos pocos segundos se convierte en horas si lo recordamos debidamente. Incluso, a través de los estados modificados de conciencia, conseguidos a través de técnicas holotrópicas o de enteógenos, el tiempo desaparece y deja de medirse en horas, minutos y segundos. Un ejemplo claro de la irrealidad del tiempo se da cuando en el transcurso de nuestra existencia vivimos un momento de peligro y contemplamos mentalmente la película de nuestra vida. Personalmente, he vivido ese momento en dos ocasiones, en las que recorrí mi infancia, mi adolescencia y miles de fragmentos de mi vida. Fueron diez segundos que condensaron horas o años de «película autobiográfica», lo que me demostró la relatividad del tiempo. En todo caso, no fue un recuerdo del pasado, sino un recuerdo en el presente.

> «No te quedará ninguna duda de que el tiempo psicológico es una enfermedad mental si observas sus manifestaciones colectivas.»
>
> Eckhart Tolle

La física cuántica también cuestiona el tiempo tal y como lo entendemos. A este respecto, el físico Erwin Schroedinger señala que el presente es la única cosa que no tiene fin.

Dentro de los conceptos de la física cuántica y la cosmología, el concepto del tiempo alcanza cotas de pensamiento que parecen fantasías de H. G. Wells. Empecemos por recordar que cuando observamos el universo estamos haciendo de «paleoastrónomos», porque lo que vemos siempre es el pasado. El Sol que observamos es el que existía hace ocho minutos, y la imagen de estrella más próxima que vemos es de hace más de tres años, que es el tiempo que tarda su luz en llegar hasta nuestro planeta. Por lo tanto, estamos observando un universo fósil, hasta el punto de que, en algunos casos, los astros que vemos ya no existen y han dejado de emitir luz.

«¡Qué raro! ¡En tu planeta, los días duran un minuto!»

Antoine de Saint-Exupéry, *El principito*

Todo es relativo, especialmente en la física cuántica, donde las partículas no existen si nosotros no las observamos. Esta interpretación del mundo cuántico puede que no tenga ningún sentido a la luz de la física clásica que hemos aprendido hasta ahora, pero la realidad es que nos enfrentamos a descubrimientos que se entienden perfectamente si los consideramos como una experiencia de la conciencia.

La física cuántica nos demuestra que somos configuraciones energéticas que se encuentran dentro de campos de energía, y que estos campos están conectados con todo lo que nos rodea. Por lo tanto, somos paquetes de energía cuántica que constantemente intercambiamos información con los elementos energéticos que nos rodean. Tal vez, nuestra conciencia, generada a partir de una energía cuántica, fluye por el universo y conecta constantemente con todo lo que tiene una carga energética: otras vidas, otros mundos, otros seres… De ahí los sucesos de tipo paranormal que acontecen en ocasiones.

Así, dentro de las nuevas teorías de la física cuántica, nosotros y toda la materia del universo estamos conectados con los más lejanos confines del cosmos. Ya que el universo es una vasta trama dinámica de intercambios energéticos, y nosotros formamos parte de esa trama. Sólo cuando nos conozcamos a fondo, cuando sepamos conectar correctamente con nuestro interior, dominando nuestras energías, podremos comenzar a contactar con todas las formas posibles de la materia y de la energía.

Conviene destacar la diferenciación entre formas de materia y formas de energía, ya que no necesariamente la vida tiene por qué tener una estructura material. Es muy posible que puedan existir formas de vida que sólo sean energéticas, estructuras de partículas que ofrezcan una vida inteligente. En realidad, nosotros hemos llegado a ser seres inteligentes manteniendo una estructura material que, a nivel del microcosmos, está formada por átomos que en ocasiones son partículas y, en otras ocasiones, ondas.

«Un día vi ponerse el sol cuarenta y tres veces.»

Antoine de Saint-Exupéry, *El principito*

La emergente física cuántica aborda el significado de sus experimentos estableciendo comparaciones con la metafísica. El mundo cuántico no encuentra una interpretación de Dios, ni siquiera lo considera posible pero, a su modo, es más espiritual, ya que no existen en él divisiones del tiempo, como son el pasado y el futuro; todo se contrae en un único instante del presente en el que la vida transcurre de una forma auténtica y real.

Todavía tendremos que averiguar cuál es nuestro estado y sentido de la vida en un mundo cuántico en el que un objeto no está ni aquí ni allí, sino en dos sitios a la vez. Además, ese objeto, siempre dentro del mundo cuántico, no tiene una forma estable, a veces es una partícula y a veces una onda. Es importante insistir en la idea de que, en mecánica cuántica, las partículas ni están aquí ni allí, están en todas partes a la vez, y sólo cuando las observamos se concretan su posición y sus propiedades. Si dejamos de mirar, dejan de estar; no porque se hayan movido, sino porque las propiedades aparecen y desaparecen de una forma extraña. Conviene recordar, en relación con esta reflexión sobre la mecánica cuántica, que nosotros mismos estamos formados por partículas, somos parte de ese universo cuántico. Posiblemente, estamos atrapados entre el pasado y el futuro en un intervalo inconmensurable del presente, como dice Michel Talbot[6].

«El investigador ha debido reconocer que, lo mismo que todo ser humano, es a un tiempo espectador y actor del gran drama de la existencia.»

Niels Bohr (premio Nobel de Física)

En la actualidad, nos encontramos en un periodo de transición, vivimos dos mundos con ideas radicalmente distintas que están entrando en colisión. Uno de estos mundos es el regido por la física ortodoxa que aprendimos en la escuela y la universidad; la psicología clásica, aún con gran influencia de Freud y Jung; la religión dogmática, que se basa en la fe, y una medicina que no valora nuestras posibilidades internas de autosanación. El otro mundo, que emerge de una forma imparable y que para muchos es desconocido, es el mundo de la mecánica cuántica, de la cosmología de los multiuniversos, la psicología transpersonal, la cosmología del todo, la espiritualidad de la conciencia y la misma conciencia cósmica. Un mundo que, pese a sus detractores, se impondrá al actual.

El nuevo mundo exige que cambiemos nuestra forma de pensar, que modifiquemos nuestra forma de ver las cosas, de sentir y de creer. Sólo a través de esa transformación seremos capaces de alcanzar la comunión cósmica que todos soñamos.

«Los dioses no nos hablarán cara a cara hasta que nosotros mismos tengamos un rostro.»

C. S. Lewis

[6] *Misticismo y física moderna*. Barcelona, Editorial Kairós, 1980.

Tenemos que empezar a comprender que no es que haya un mundo diferente «ahí fuera», sino sólo una descripción distinta del mismo mundo. Y ése, a escala cuántica, no se aleja mucho de nuestro mundo interior. Formamos parte de un todo, cualquier tipo de dualidad es un error.

Esta reflexión sobre la mecánica cuántica nos conduce hasta la teoría de los universos paralelos, que tantas especulaciones ha provocado y tanto temor ha despertado en los representantes y seguidores de algunas de las religiones más importantes del mundo. Incluso los espiritualistas se han preguntado si las almas, pura energía que abandona el cuerpo, van a parar a otras dimensiones después de haber muerto.

También podemos preguntarnos si los seres de otras dimensiones son los fantasmas que algunas personas dicen ver y que se han manifestado a lo largo de toda la historia de la humanidad. Al fin y al cabo, esos fantasmas parecen regirse por leyes muy similares a las descritas en la mecánica cuántica. Están en varios lugares a la vez, atraviesan paredes y obedecen a una serie de leyes diferentes a las nuestras. Lo más normal es que se encuentren en otras dimensiones.

«Evidentemente, no había tiempo que perder, así que, tomando rápidamente la Cuarta Dimensión del espacio como medio de escape, el fantasma desapareció a través del entarimado y la casa se quedó tranquila.»

Oscar Wilde, *El fantasma de Canterville*

La mecánica cuántica postula que existe una posibilidad finita de que incluso los sucesos más extraños y poco probables sucedan realmente en nuestro presente. Todos los sucesos, por muy inverosímiles que sean, son reducidos a probabilidades a partir de la teoría cuántica.

Así, vemos cómo lo importante, y en lo que hemos insistido a lo largo de todo este capítulo, es la necesidad de vivir el presente y de ser conscientes de nosotros mismos, aspecto que sólo podemos conseguir mediante la autoobservación y la no identificación con otros.

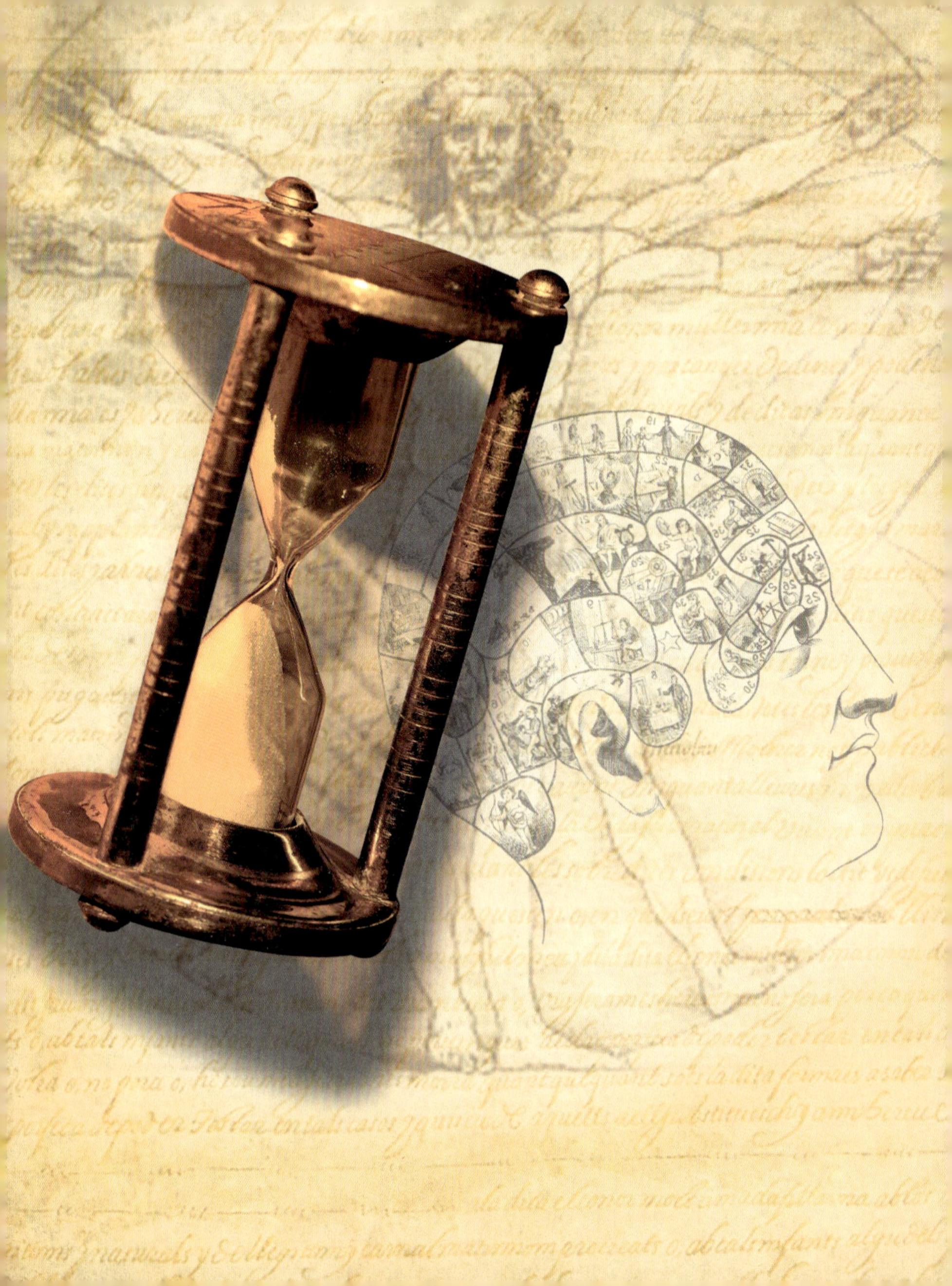

6.
Usa tu mente y triunfa

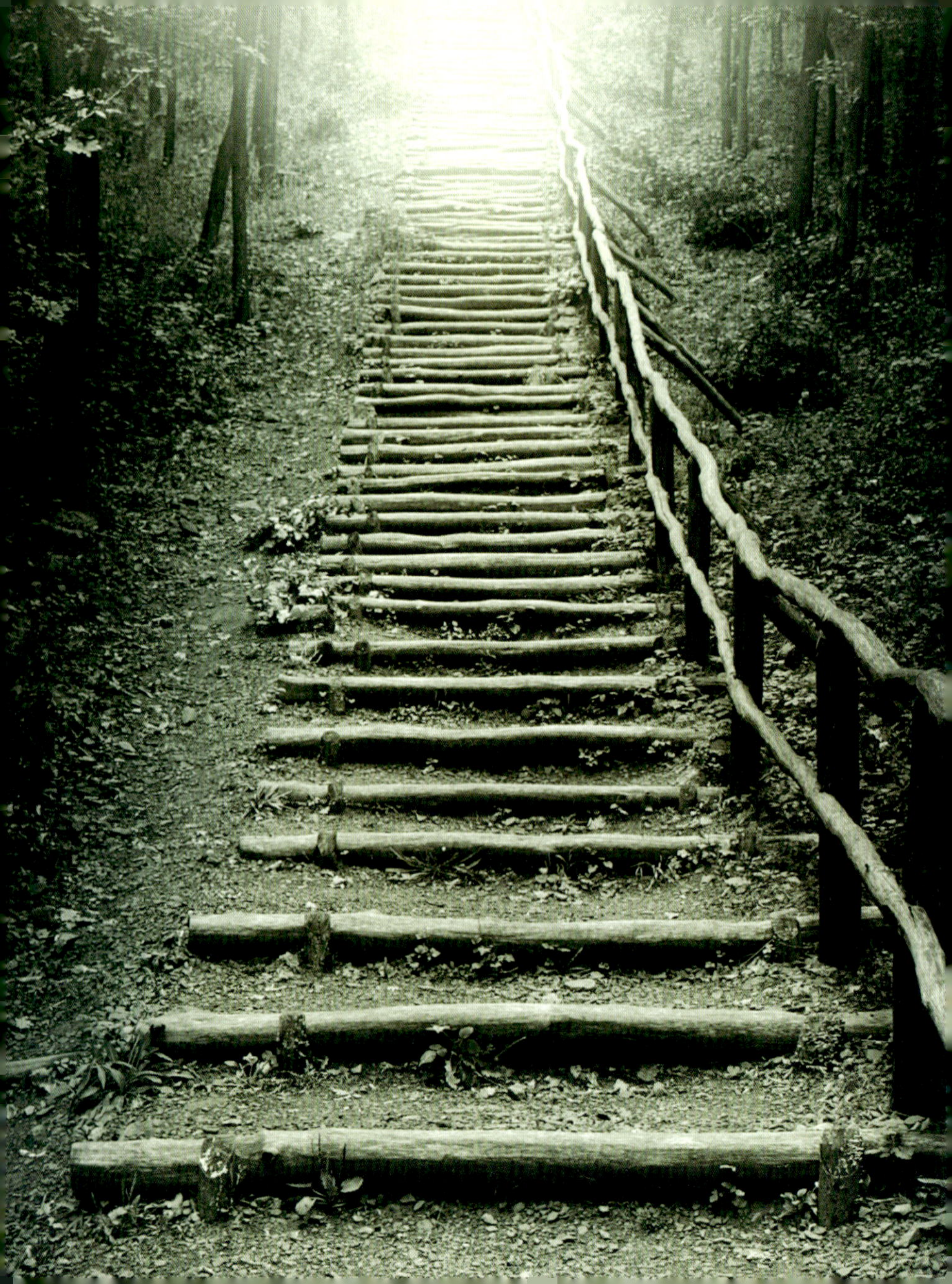

Todos tenemos un poder interno

El triunfo o el fracaso en nuestras vidas no dependen de los demás, depende de nosotros mismos. Si nuestro estado de salud durante la infancia ha sido el adecuado, nuestra mente está en condiciones de desarrollar todo su potencial. Lamentablemente, muchos niños del Tercer Mundo ven limitado este potencial debido a enfermedades infantiles o una pésima alimentación que afecta a sus cerebros. En los países desarrollados, el poder interno de la mente será una consecuencia del esfuerzo, la actitud y la educación con la que hemos formado esa mente.

Es evidente que los primeros años de nuestra vida serán decisivos, así como la educación que hayamos recibido. Pero no debemos confundir información con conocimientos y esfuerzo en el desarrollo de nuestro poder interno.

«Tú eres el que tiene que hacer el esfuerzo. Los maestros sólo te señalan el camino.»

Buda

En el capítulo primero hemos mencionado la importancia que la psicología, a través de las teorías de Goleman, ha atribuido al hecho de conocer y dominar nuestras emociones, pero no todo se basa en la inteligencia emocional, también es preciso desarrollar nuestro mundo neuronal a través de un esfuerzo mental que multiplique nuestras conexiones cerebrales. Cuanto mayor sea el número de conexiones, mayor capacidad tendrá nuestro cerebro para desarrollarse y para realizar actividades que los hombres del Medievo no podían ni siquiera imaginar o que, en todo caso, atribuían a la magia.

La realidad es que nuestro poder interno depende de nuestras conexiones, o sinapsis, neuronales. Por desgracia, no usamos más que una parte muy pequeña de nuestro cerebro, pero cada vez son mayores nuestras capacidades. Así, hemos desarrollado nuestra capacidad reflexiva y creativa, y otras cualidades que están empezando a dejar perplejos a los racionalistas, como la intuición o la capacidad de autosanación. Posiblemente en un futuro, cuando nuestro cerebro funcione al cien por cien, seremos capaces de realizar funciones que los antiguos hubieran considerado propias de los dioses.

> «Se trata de vivir la experiencia pura en la vida corriente, en nuestro mundo, donde estemos, en el asfalto, en el metro, en el trabajo, en casa. El templo está en todas partes.»
>
> **Louis Pauwels (escritor y periodista francés)**

Pero este desarrollo no depende exclusivamente de nuestra fisiología o de nuestra evolución humana, el esfuerzo personal es imprescindible. No conseguiremos desarrollar nuestro poder interno con el sólo hecho de leer muchos libros de autoayuda o de asistir a cursos una vez a la semana en los que el gurú de turno nos alecciona, además de disipar nuestros ahorros. El verdadero conocimiento sólo lo conseguiremos conociéndonos a nosotros mismos, explorando en nuestro interior y en la experiencia diaria. Cualquier lugar es adecuado para forzar nuestro desarrollo cerebral y vivir la experiencia pura.

Como decía el fallecido Louis Pauwels[7], hay muchas escuelas pero sólo son lugares de tránsito; hay muchos maestros, pero sólo son indicadores; el verdadero camino sólo lo encontraremos dentro de nosotros.

Para desarrollar nuestros poderes internos, debemos ser conscientes del aquí y ahora, trabajar sin titubear y creer en lo que estamos haciendo; no forjarnos expectativas sobre las posibilidades de nuestra mente, poner intención en todo el proceso de desarrollo interior, para que nuestro trabajo interior tenga continuidad y sea diario; poner mucho esfuerzo en la observación de nosotros mismos, tener una actitud positiva y no esperar resultados inmediatos.

Desarrollando nuestras facultades: beneficios y peligros

Sólo conseguiremos desarrollar nuestras facultades si nos conocemos a nosotros mismos, si sabemos cómo funciona nuestro cerebro y prestamos atención a lo que ocurre en él.

Atención, autoobservación y constancia. No hay ningún secreto en ninguna escuela, todo depende de nosotros. Pueden existir diferentes técnicas, pero de nada servirán si no hay una predisposición interior, si no creemos en lo que estamos haciendo.

Para desarrollar nuestras facultades, debemos ser fieles a la realidad interior, a nuestra parte espiritual, a nuestra verdadera naturaleza. Tenemos que ser conscientes de que el único objetivo esencial es el «ser», la realización de nosotros, una realización hacia la que debemos dirigir todo lo demás.

> «El que contempla el océano desde la playa sólo conocerá su superficie, pero el que desee conocer sus profundidades, debe estar dispuesto a sumergirse en él.»
>
> Meher Baba (maestro espiritual indio)

---

[7] Autor, junto con Jacques Bergier, de *El retorno de los brujos,* Plaza & Janés, Barcelona, 1992.

Si alguien cree que con las técnicas de trabajo de una escuela alcanzará un poder sobre los demás, está equivocado. En el momento en que empezamos a desarrollar nuestras facultades mentales, aspectos como el poder sobre los demás se convierten en objetivos sin importancia, ya que lo único que nos importará será nuestro desarrollo mental. En ese desarrollo mental encontramos la verdad del mundo, el auténtico conocimiento, el verdadero saber, la espiritualidad auténtica y, toda una serie de valores que están por encima de los valores mundanos y materiales, que no tienen ninguna finalidad en el estadio que habremos alcanzado.

El único poder que alcanzaremos será el poder sobre nosotros mismos. Desde el momento en que logremos un estado de conciencia verdaderamente «consciente», el poder sobre los demás dejará de ser importante, porque habremos encontrado algo muy superior, por encima de los objetivos de la sociedad actual, algo que nos conducirá a otro estadio en el que los valores que habían dominado nuestras vidas no tendrán ya ningún interés para nosotros.

«Si uno ha alcanzado cierto nivel en el desarrollo, como es sentirse disconforme con el éxito y perceptivo, uno debería dar la bienvenida a este peligro...»

Charles Tart, *El despertar del* Self

Indudablemente, este nuevo estadio comporta cierto peligro, ya que se convierte en un inconveniente para la comodidad y estabilidad de nuestra vida ordinaria. Nuestras costumbres y amistades cambiarán, lo que antes nos producía cierto disfrute se convertirá en tedioso y aburrido. Empezaremos a interesarnos por valores más altruistas, artísticos e intelectuales. Incluso, nuestro círculo de amistades variará, y todo ello representará un peligro en la estabilidad de nuestro trabajo y nuestra familia. Ya no nos interesará triunfar en la vida, ni ser la envidia de los que nos rodean, porque habremos alcanzado el éxito interior, que no precisa ser halagado ni admirado por los demás.

Inicialmente, el enfrentamiento con lo no racional es desconcertante para nuestra mente; la mente empieza a padecer un miedo sobrecogedor ante esta nueva realidad a la que se enfrenta, ya que nuestra escala de valores ha cambiado. También se agrava la sensación de soledad, ya que resulta difícil compartir nuestros pensamientos con un entorno que no nos comprende. Sólo la comunicación con mentes que están en nuestro mismo nivel de conciencia nos garantiza satisfacción. También advertiremos que el conocimiento adquirido es huidizo y que debemos insistir continuamente. Finalmente, nos daremos cuenta de que si continuamos, ya nunca será nada exactamente como antes.

Los niveles que vamos escalando

Existe toda una serie de niveles de poder interno y mental que ha sido debidamente descrita por muchos psicólogos y especialistas en la evolución de la mente humana. Generalmente, la mayor parte de las personas viven en un nivel en el que el yo es mental, un nivel donde existe un continuo diálogo con la mente que aborda objetivos y deseos temporales. En ese nivel aparece en la mente una estructura claramente autorreflexiva e introspectiva que funciona a través de un razonamiento deductivo e hipotético. Es lo que Aurobindo llama la «mente razonadora». Si superamos este estadio, entramos en otro en el que las divisiones de de la personalidad en mente y cuerpo, y en parte intelectual y parte emocional, han sido superadas. Este nuevo estadio es el reino existencial, en el que empezaremos a experimentar momentos llenos de plenitud. En él hallaremos la autorrealización, ya que habremos desarrollado una mente casi superior.

Posiblemente, todos hayamos alcanzado alguna vez estos niveles, aunque no los hayamos comprendido plenamente. Es a partir de estos niveles o estadios cuando el trabajo interior nos puede llevar a lograr una mayor apertura mental como consecuencia del desarrollo espiritual: es lo que muchos llaman la apertura de la intuición, el tercer ojo, la clarividencia, la fuerza de la sanación, etc. Algunos maestros lo han llamado lo llaman también «la mente iluminada», ya que podemos experimentar presencias superiores, el yo transpersonal, el maestro interior, etc. A partir de este nivel, iremos alcanzando otros niveles superiores en los que nuestras cualidades irán creciendo, hasta llegar a estados espirituales en los que se experimenta la liberación absoluta, en los que nos damos cuenta de que somos «uno» con el universo que nos rodea, abandonando, por tanto, el estado dual.

> «El espíritu humano crece a medida que el universo se desarrolla. El hombre, pues, puede y debe intentarlo todo.»
>
> Bufón

Si seguimos trabajando en nosotros mismos, empezaremos a experimentar una serie de cambios en nuestro interior, una transformación cuyos síntomas se desarrollarán de la siguiente manera:

* Tendremos la sensación de que algo está cambiando en nuestro interior.
* Una sensación que sobrepasa los límites de nuestra conciencia y que nos pone en contacto con niveles superiores.
* Este proceso puede emerger espontáneamente tras una crisis existencial o tras un suceso importante que afecte nuestra vida; en ambos casos, sigue su curso.
* Notaremos que empieza a desaparecer nuestra oscuridad interna y que comenzamos a comprender determinados aspectos que antes no podíamos concebir siquiera.
* Las barreras de las experiencias emocionales, físicas y psicológicas, dejarán de ser un obstáculo para nuestro progreso.
* Nuevas sensaciones irán ocupando lugares más importantes en nuestra vida cotidiana, descubriéndonos elementos nuevos que nos sorprenderán.
* Apreciaremos cómo se produce un proceso de renacimiento interior y cómo nos sobreviene un sentimiento de confianza general en lo que está ocurriendo.
* Reconoceremos los valores luminosos de la vida.
* Empezaremos a vivir más el presente, a olvidar nuestro pasado y dejar de soñar con el futuro.

* Al satisfacerse nuestros valores interiores, descubriremos que no tenemos que demostrar nada a quienes no nos comprenden.
* Surgirá una mayor estima hacia nosotros mismos y hacia aquellas personas que se encuentran en nuestro mismo nivel de conciencia.
* La soledad que vivimos en determinados momentos se convertirá en un espacio de reflexión, meditación y creatividad.
* Apreciaremos que la naturaleza, los animales y el mundo natural que existe a nuestro alrededor tiene una vida mucho más profunda de lo que antes pensábamos.
* Surgirán nuevos intereses por la pintura, la danza, la música y las artes creativas.
* Nos daremos cuenta de que queremos vivir lo más intensamente posible.
* Al desarrollar estas dimensiones espirituales, advertiremos que antes nuestra vida era fútil y poco rica, un aspecto que percibiremos de manera no traumática y sin hacernos ningún tipo de reproche.
* Apreciaremos que surge la necesidad de ampliar nuestro desarrollo interior.
* Finalmente, nuestro entorno y nuestro mundo se volverán sagrados.

La intuición, el conocimiento divino

La intuición es un sentido que hemos perdido muy recientemente, un sentido que aún podemos recuperar si lo trabajamos. Por esta razón, Eckhart Tolle y muchos otros especialistas insisten en lo importante que resulta recuperar esta facultad, ya que nos abrirá las puertas a muchas otras posibilidades.

El hombre primitivo era en sus orígenes instintivo. Asimismo, su compañera, la mujer, empezó a desarrollar una capacidad intuitiva que también le permitió sobrevivir en un medio hostil.

Conviene abordar, pues, el tema de la intuición por ser uno de los sentidos que se desarrollan cuando alcanzamos niveles superiores de conciencia.

> «La intuición percibe nuevas posibilidades y constituye una excelente guía para adentrarnos en lo desconocido.»
>
> Frances Vaughan, *Sombras de lo sagrado*

La intuición se define como el conocimiento inmediato de algo. Está en contraposición con la deducción y el razonamiento. Algunos especialistas, en este sentido, la califican como el "conocimiento divino".

Laura Day, especialista en el desarrollo de la intuición, la define como un proceso a través del cual se obtiene información que no depende de los sentidos, la memoria, la experiencia, los sentimientos o las ideas. Para Day, la intuición es un proceso no lineal, no empírico, del cual obtenemos e interpretamos información en respuesta a nuestras preguntas.

En infinidad de ocasiones la intuición ha accedido a nuestra mente para advertirnos de que algo no funcionaba bien. Por ejemplo, puede que hayamos estado negociando con una persona y que, tras finalizar los tratos, nuestra intuición nos haya advertido de que no debemos confiar en esa persona; luego, descubrimos que, efectivamente, aquella persona actuaba con maldad o con intención de engañarnos. En otras ocasiones, cuando estábamos a punto de emprender un viaje, algo nos indicó que debíamos anularlo. Más tarde descubrimos que aquel transporte que íbamos a tomar ha sufrido un accidente, o que en aquel país al que íbamos a ir se ha producido un desastre. No se trata de historias especulativas, hay miles de personas que se han encontrado en estas situaciones, personas que intuitivamente han dejado de viajar en un avión que se ha estrellado o en un barco que se ha hundido. Los testigos de estos hechos son innumerables y, ante estos sucesos, nos preguntamos por qué y cómo nos llega esta información. En principio, lo calificamos como una corazonada, cuando se trata de una experiencia que está relacionada con la conciencia superior o supraconciencia. La realidad es que son como destellos que inicialmente, en estadios o niveles inferiores, nos llegan de manera menos clara y muy ocasionalmente; pero a medida que trabajamos con la intuición y confiamos más en ella, sus apariciones son mucho más duraderas y frecuentes.

Para despertar este sentido que tenemos dormido en nuestro interior, debemos aceptar que la intuición no se encuentra separada del intelecto, sino que, simplemente, se trata de un sentido que hemos ido perdiendo o que lo tenemos menos desarrollado que los otros. Debemos aceptar que existe una información que no captamos y que nuestro inconsciente graba en el hemisferio derecho de nuestro cerebro para alimentar, precisamente, la intuición.

«La intuición se desarrolla aplicándola de un modo consciente, no leyendo sobre ella.»

Laura Day, *La intuición eficaz*

La intuición se expresa en un lenguaje diferente al que nosotros estamos acostumbrados. En ocasiones utiliza símbolos y sueños. Debemos estar preparados para captar su presencia, ya que el sentido lógico puede distorsionarla. Confiar en la intuición significa actuar sin el apoyo de la lógica, el sentido común y la razón. Conviene saber, además, que el estado intuitivo es de espera, no expectación, sino de paciente espera, ya que la intuición no tiene ningún límite de espacio ni de tiempo. Por otra parte, cada uno de nosotros tenemos un proceso diferente de comunicación con la intuición, algunos verbales, otros simbólicos.

Conozcamos, finalmente, algunas recomendaciones para trabajar con la intuición. Por ejemplo, debemos saber que, generalmente, se activa con nuestras preguntas, que deben ser claras y precisas para evitar respuestas ambiguas. También deben ser preguntas simples y pertinentes. Imaginemos que tenemos un golpe intuitivo que nos advierte del peligro de subir en una embarcación de recreo. Nuestra pregunta no debe ser ¿por qué no debo subir a esta embarcación de recreo, es que está en mal estado?, sino ¿corro peligro si subo a esta embarcación? La respuesta de la intuición será un sí o un no, nunca una larga explicación.

«Si las puertas de la percepción estuvieran abiertas, cada cosa sería para el hombre como en realidad son: infinitas.»

William Blake (artista y místico inglés)

Como el mundo onírico está muy relacionado con la intuición, ya que es un medio en el que acostumbra a emitir sus mensajes, por tratarse de un estadio relajado y modificado de la conciencia, es aconsejable tomar nota de los sueños. A veces, la intuición aparece como un repentino dolor de cabeza que nos impide acudir a un evento que hubiera sido contraproducente para nosotros; por lo tanto, hay que centrar la atención en lo que se siente. Tenemos que considerar que todo lo que se percibe, se recuerda, se sueña..., tiene un significado que debemos analizar. Todo se puede interpretar, ya que no hay nada en la vida que no tenga un significado.

Al atender a la intuición, no debemos preocuparnos de si nuestras impresiones son correctas o incorrectas, ya que estas impresiones forman parte de otro estadio de la mente que es más lógico y racional, un «yo» que no escucha la intuición porque ha sido educado y condicionado para no creer en este sentido. La realidad es que debemos confiar en la intuición y no preocuparnos de si las impresiones que recibimos tienen o no sentido. La intuición es un don natural; no hay que forzarse en recibirla, sólo hay que estar abierto a ella, y prestarle atención cada mañana, al despertar.

Puede ocurrir que, en ocasiones, el mensaje intuitivo no funcione, pero esto puede suceder porque podemos equivocarnos al interpretar la información. Esto no quiere decir que no sea correcta. La realidad es que para alcanzar la intuición sólo hace falta aprender a controlar la atención, ser conscientes de nosotros mismos, vivir el presente, algo en lo que hemos insistido a lo largo de todos los capítulos anteriores de este libro.

El sorprendente mundo de la intuición

Algunas personas son más intuitivas que otras, en parte porque han heredado este sentido mucho más desarrollado de sus antepasados, y en parte también porque, desde el primer momento en que la intuición les ofreció sus mensajes, los escucharon y creyeron en ellos. En términos generales, podemos decir que la mujer tiene más desarrollado el sentido de la intuición que el hombre; de ahí esa gran estirpe de sacerdotisas que en la antigüedad utilizaban este sentido para lanzar sus oráculos. El hombre confió más en su fuerza y en su instinto agresivo de cazador que en los mensajes intuitivos que recibía.

Las sacerdotisas antiguas se valieron de la intuición, a la que siempre atendían, a la que incluso invocaban explorando en su interior para recibir una respuesta a los problemas ante los que se enfrentaban.

En ocasiones pueden llegarnos falsos mensajes, no de la intuición, que nunca se equivoca, sino de nuestro propio cerebro, que actúa como un yo independiente, enojado por la rivalidad que le ha surgido al darse cuenta de que pierde protagonismo. En esto casos, el cerebro nos envía un falso mensaje, creado por nuestro yo operante, que quiere seguir siendo el primer actor en nuestro mundo. Debemos ser astutos en estos casos y saber distinguir entre nuestros diferentes yoes y la propia conciencia, agente principal de conocimiento y artífice de la intuición.

La historia está repleta de hechos en los que la intuición ha emergido en determinadas personas a través del sueño. Conocidos de todos son los sueños en los que, de una forma premonitoria, se anuncia algo que va a acaecer, como fue el caso documentado del hundimiento del Titanic. Pero este no es un caso aislado, existen muchos otros ejemplos en los que a través del sueño o la fatiga profunda emerge el mensaje esperado, como si este formase parte de un inconsciente colectivo que estuviera ahí pendiente de ser localizado.

> «Existe un campo psi, de carácter universal, que subyace a todo cuanto existe y establece una interconexión entre todas las cosas.»
>
> Ervin László, *Cosmos creativo*

No cabe duda de que fue la intuición la que llevó a muchos grandes hombres a realizar importantes descubrimientos, no la inspiración como han pretendido hacernos creer los racionalistas. En todo caso, habría sido la inspiración que trabajaba en nuestro interior y que, en un momento dado, nos transmitía su mensaje.

Tenemos el caso, por ejemplo, de sir William Hamilton, que, cuando paseaba por un puente de Dublín, agotado y somnoliento, recibió ese mensaje matemático que le hizo descubrir el hasta entonces desconocido concepto del álgebra vectorial.

Friedrich August von Kekulé estaba observando adormilado las brasas de su chimenea cuando descubrió la fórmula estructural del benceno, base de la química orgánica. Dimitri Mendeléiev concibió la tabla periódica de los elementos cuando estaba tumbado en la cama agotado por el esfuerzo de intentar clasificar los elementos según su peso atómico. El modelo atómico de Niels Bohr también apareció tras el agotamiento de su creador, como la física cuántica de Heisenberg o la transmisión química del impulso nervioso de Otto Loewi. Nicola Tesla, que construyó el primer generador de corriente alterna, lo hizo tras una visión en la que se le apareció como esquema. Incluso el *Discurso del método* de René Descartes fue fruto de una serie de sueños visionarios. Newton, al ver caer la manzana, tuvo la percepción creativa de una nueva relación: la ley de gravitación universal. Arquímides, cuando disponía a darse un

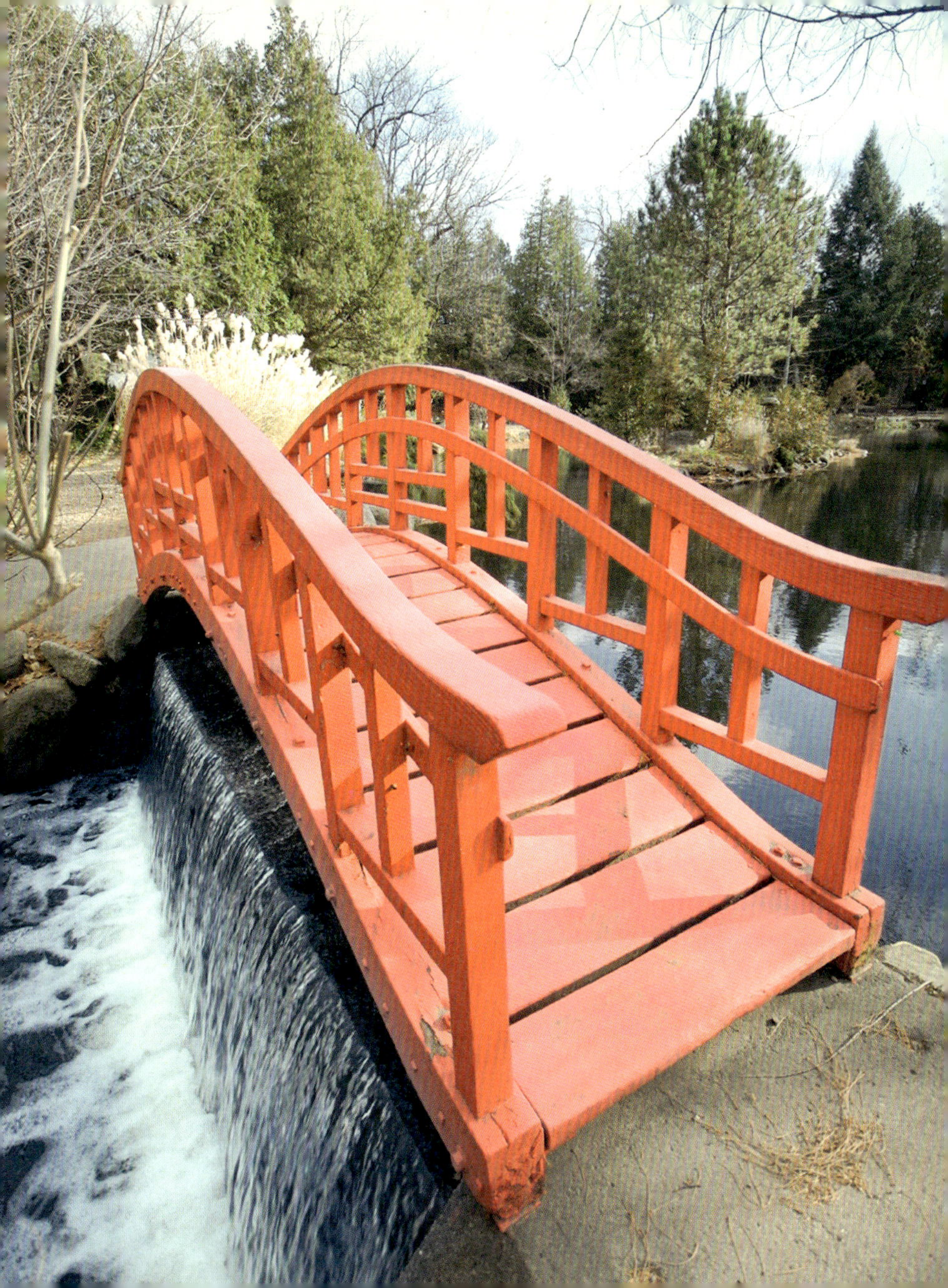

baño, vislumbró su famoso principio: el volumen del agua desplazada no dependía de la forma del objeto, y fue entonces cuando gritó el famoso «¡eureka!». Friedrich Gaus no sabía cómo los cálculos matemáticos llegaban a su cerebro, eran para él intuiciones matemáticas. Richard Wagner decía que la música emanaba de su oído interno, y para Amadeus Mozart, el músico masón, las melodías aparecían completas en el interior de su cabeza. Lo mismo decían sentir también Brahams y Puccini. Finalmente, dos casos más: Einstein, que explicó que sus principios fundamentales se revelaron bajo la forma de sensaciones cenestésicas musculares, y el poeta William Blake, para quien los poemas le eran dictados incluso en contra de su voluntad.

Para los psicólogos transpersonales, la intuición es tal vez una identificación con la energía creativa del cosmos, ya que somos actores en una representación cósmica preestablecida. Hay, por tanto, una inspiración o una intuición cósmica.

Sentir nuestras energías internas y externas

De acuerdo con la física cuántica, somos energía y estamos rodeados de energías que debemos aprovechar para nuestro crecimiento mental y espiritual. Es nuestra capacidad de contactar con las energías internas y externas lo que nos permite tener acceso a una utilización más amplia de nuestras facultades.

> «Cuando camino a ciegas por el mundo percibo que la energía que hay frente a mí está organizada; lo único que debo hacer es entrar en ella.»
>
> Laura Day (escritora estadounidense)

Como veremos en el capítulo siguiente, para sentir nuestras energías debemos prestar atención a ese mundo potencial que tenemos en nuestro interior, y, al mismo tiempo, acceder a las energías externas que existen a nuestro alrededor.

Debemos aceptar que existen esas energías y que están ahí para ayudarnos en nuestro crecimiento interior. El mundo es un gran campo energético y nosotros tenemos la facultad de poder movernos entre esas energías.

Las energías tienen muchas funciones y ayudan a intensificar la unión con el todo, con todo lo que nos rodea y con el universo mismo. El despertar de las energías puede sentirse localizado en diferentes partes del cuerpo, en el pecho, bajo el abdomen, en la cabeza..., y, en ocasiones, da la impresión de que se extiende más allá de la superficie del cuerpo. En cualquier caso, para tener acceso a las energías, tenemos que vivir el presente y ser plenamente conscientes de nosotros mismos.

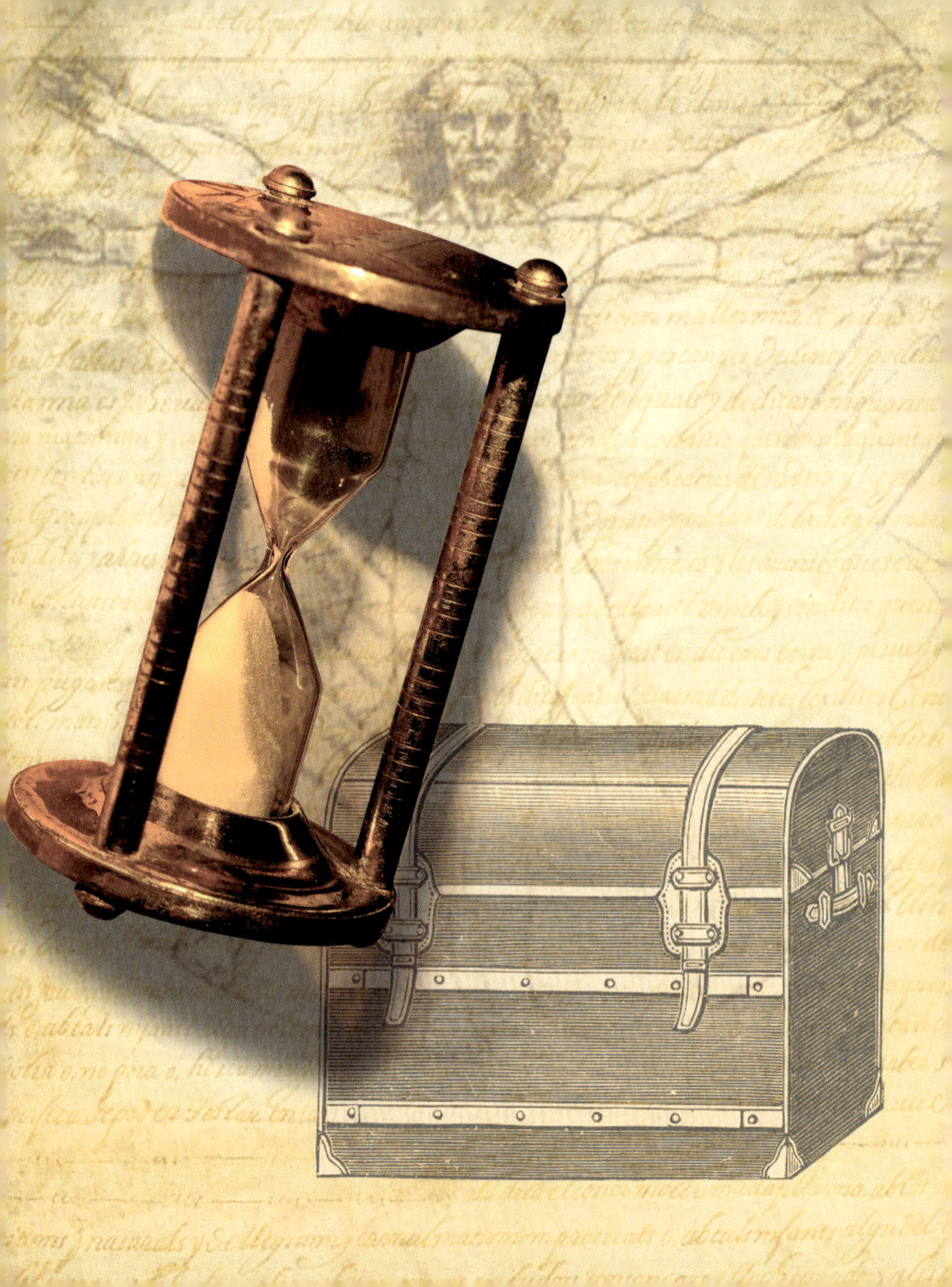

7.
Conectando con el cuerpo interno

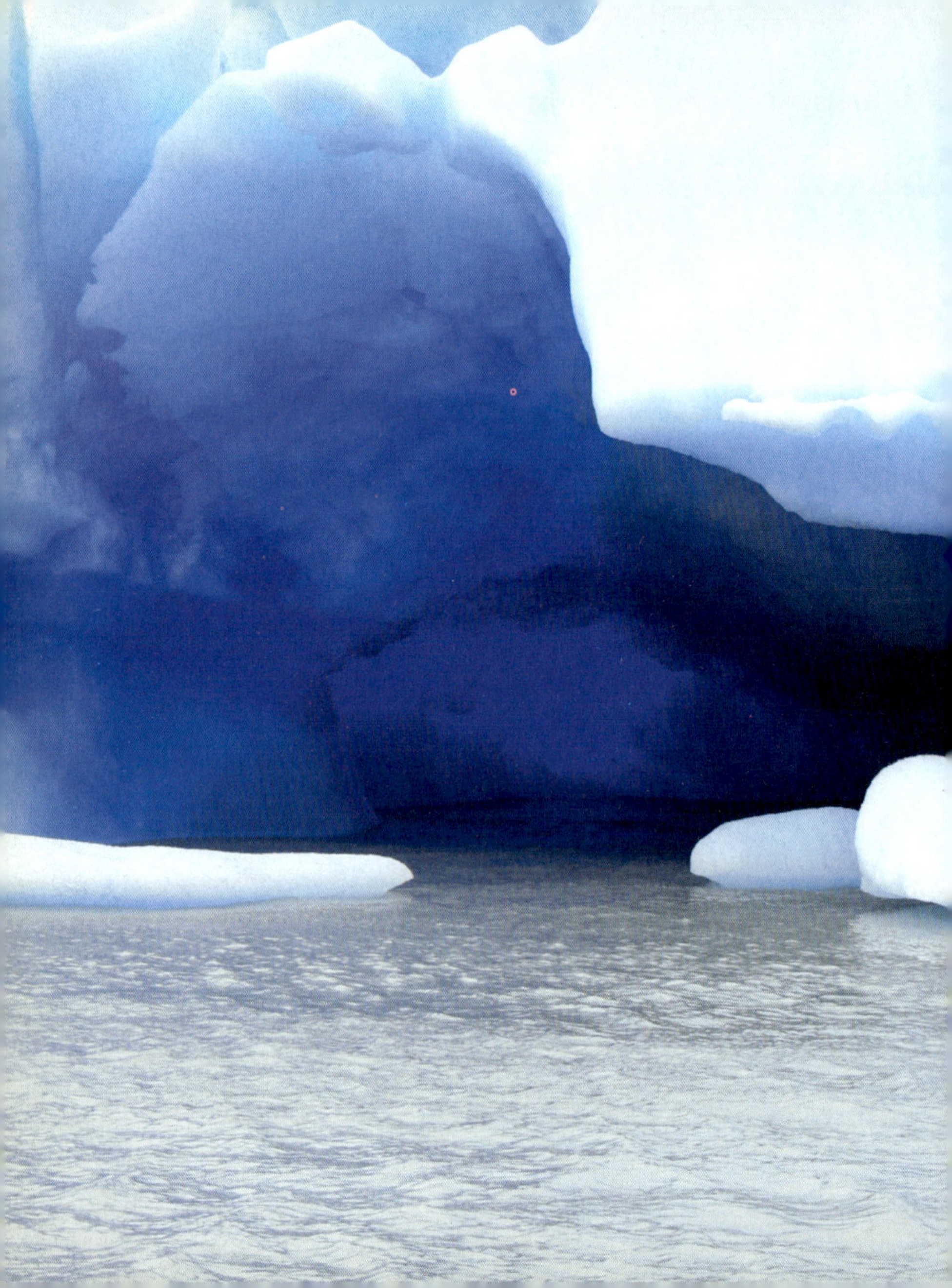

Dirigiendo la atención hacia el cuerpo y escuchándolo

Todas las filosofías y todas las tradiciones nos vienen recordando, desde el origen del hombre, la necesidad de conectar con nuestro cuerpo interno para conseguir una vida más armoniosa y equilibrada.

Las tradiciones orientales han sido las que más nos han aleccionado respecto a la necesidad de dirigir la atención hacia nuestro cuerpo. Cientos de ejercicios budistas, zen, sufíes, taoístas y de otras tradiciones señalan la conveniencia de dirigir la atención hacia nosotros mismos a partir de la interrogación siguiente: si no nos conocemos antes a nosotros mismos, ¿cómo vamos a conocer otras cosas?

«Para ser consciente del cuerpo, necesitas reorientar tu conciencia mental.»

Eckhart Tolle

Debemos escuchar nuestro cuerpo, estar atentos a lo que pueda comunicarnos sin ningún tipo de prejuicios. Hay que prestarle atención, no a partir de la dicotomía cuerpo/mente, sino percibiendo estos dos conceptos como una totalidad.

Algunas tradiciones recomiendan empezar a escuchar nuestro cuerpo tan pronto como nos despertamos por la mañana. Se trata simplemente de dedicar los primeros minutos del día a realizar un recorrido mental a través de él. Así, sin levantarnos de la cama, empezaremos a centrar nuestra atención en la punta de los dedos de los pies, observando si están fríos, calientes o entumecidos. Después, iremos ascendiendo mentalmente por las piernas, las rodillas, la pelvis, los intestinos, el estómago... Se trata de realizar un recorrido interior, un recorrido mental que nos ayude a conectar con los órganos internos, escuchándolos y apreciando su actividad. Continuando este proceso, llegaremos a los pulmones y notaremos cómo el aire circula por ellos, sin esfuerzo. De la misma forma, sentiremos los latidos de nuestro corazón. Luego pasaremos a los brazos y, para finalizar, a la mente. Será en este momento cuando trataremos de recordar qué hemos soñado y, también, cuando le transmitiremos a nuestra intuición que estamos atentos a lo que quiera comunicarnos.

«El cuerpo visible y tangible es un caparazón externo, una percepción limitada y distorsionada de una realidad más profunda.»

Eckhart Tolle

Este cuerpo que hemos recorrido mentalmente forma parte de nuestra estructura, un conjunto de órganos que es también energía: millones de moléculas que interaccionan entre sí, reacciones químicas y, como dice Eckhart Tolle, una realidad más profunda, una realidad que está ligada a todo lo que nos rodea, a todo el universo, y que forma parte de una experiencia que tenemos que trascender.

«El universo entero y toda la experiencia sólo existen para ser trascendidos.»

Da Love-Ananda

No somos seres independientes, formamos parte de un todo, y cualquier actividad que realicemos tiene repercusión en ese todo. Nuestro cuerpo, un complejo sistema de órganos consecuencia de una larga evolución, está abierto a nuestra mente permanentemente. Creemos que todo funciona automáticamente, que respiramos, andamos, hacemos circular la sangre de una forma mecanizada, etc. Sin embargo, no es así, aunque no lo apreciamos, es nuestra mente la que da instrucciones a nuestro cuerpo para que todo funcione en él. No entender esto significaría vivir como máquinas.

Debemos reorientar nuestra conciencia, darnos cuenta de que nuestra mente es responsable de todo lo que hacemos, que somos nosotros quienes podemos dirigir nuestra respiración, incluso acompasar los latidos del corazón adecuándolos a las necesidades externas.

¿Qué te pide el cuerpo?

El cuerpo solicita constantemente nuestra atención. Hemos explicado cómo en ocasiones la intuición se manifiesta como un simple dolor de cabeza para impedir que vayamos a esa fiesta en la que algo no saldrá bien. Pero no sólo se manifiesta la intuición, también, cuando algo no funciona bien en nuestro interior, el organismo nos avisa con un pequeño dolor o con una sensación extraña que nos avisa de que algo no marcha bien. Si prestamos verdadera atención a esos estímulos, deberemos descender con nuestra mente hasta ese punto que nos duele, para analizar así el malestar que sentimos. El cuerpo siempre se está comunicando con nuestra mente; sin embargo, en muchas ocasiones tenemos la mente ocupada en asuntos mundanos y no lo escuchamos con suficiente atención. Por esta razón, debemos reorientar la conciencia para prestarle al cuerpo la atención que merece. Si el cuerpo no funciona bien, nosotros no funcionaremos bien.

«La clave está en mantenerse permanentemente en estado de conexión con el cuerpo interno, sentirlo en todo momento.»

Eckhart Tolle

Muchas de las enfermedades que contraemos son debidas a la alimentación. Comemos indiferentes a lo que nos solicita el cuerpo, guiados únicamente por la gula o por nuestros caprichos culinarios. Antes de cocinar o de pedir determinados platos en un restaurante, debemos consultar a nuestro cuerpo, preguntarle qué es lo que le apetece o de qué no tiene ganas. Se trata de una consulta interna, no de una decisión mental. Debemos atender las reacciones que emite nuestro cuerpo ante la idea de ingerir determinados alimentos. Si atendemos de verdad, veremos cómo el cuerpo manifiesta su agrado o desagrado ante lo que le estamos ofreciendo. Nuestro complejo sistema interior precisa determinados alimentos en momentos puntuales de la vida. Sabe perfectamente qué vitaminas necesita, qué elementos le faltan, qué carencias tiene. Tan sólo tenemos que preguntar y escuchar.

Observando las resistencias internas y desbloqueando traumas

Todos creemos ser psicológicamente normales; sin embargo, nadie, absolutamente nadie, está libre de tener problemas mentales. No somos seres perfectos psicológicamente, por el simple hecho de que vivimos en una sociedad imperfecta, que nos produce numerosos traumas y bloqueos interiores. El sistema en el que se desarrolla nuestra vida tampoco es perfecto, por lo que se originan también seres imperfectos. Desde la infancia nos vemos sometidos a una serie de presiones, agravios, complejos..., que se quedan enquistados en nuestro interior, y aunque con el paso del tiempo llegamos a creer que los hemos superado, en el fondo siguen existiendo y actuando sobre nuestra vida cotidiana.

Durante años, los seres humanos han acudido a sus psicoanalistas para que les ayuden a descubrir traumas de la infancia o bloqueos internos que repercuten y condicionan su vida diaria. En ocasiones se requieren muchos años de tratamiento psicoanalítico para descubrir las causas de un determinado comportamiento; en otras, cuando se recurre a la psicología transpersonal, basta una sola sesión para descubrir estos traumas o bloqueos interiores mediante la técnica de la respiración holotrópica o mediante el uso de sustancias enteógenas.

Imaginemos que un día nos ha sucedido una experiencia desagradable que no queremos recordar. Inmediatamente este hecho producirá en nuestro interior un bloqueo o trauma que, cada vez que nos enfrentemos con un suceso similar, nos paralizará. Por esta razón, debemos estar siempre alerta, buscando constantemente en nuestro interior el porqué de nuestras acciones y de nuestra conducta; así descubriremos que, a veces, nuestro comportamiento depende de la huella que dejó en nosotros una experiencia lejana en el tiempo.

En ocasiones, basta una simple pregunta para descubrir la causa de una molestia de nuestro cuerpo. Citaré algunos ejemplos. Si sentimos dolor en las sienes, es posible que sea producto de haber contenido las lágrimas en un momento determinado. Si la molestia está en nuestra garganta, tal vez nos tengamos que preguntar qué es lo que no hemos querido decir. Si son los riñones los que nos incomodan, debemos pensar qué es lo que no queremos filtrar. Todo el cuerpo humano se convierte en espejo de lo que nos sucede en la vida cotidiana, y repercute en nuestro interior.

«En la medida en que el mundo natural se degrada, nuestro mundo interno se degrada también.»

Thomas Berry (teólogo e historiador estadounidense)

Si vivimos en un mundo degradado, estamos expuestos a que nuestro interior se degrade también. Por esta razón, debemos buscar entornos puros, sinceros y agradables, que no afecten negativamente a nuestro bienestar.

Todo está en ti y tú estás en todo

No somos seres aislados, formamos parte de un todo. Esta premisa que se viene transmitiendo desde las tradiciones más antiguas, especialmente los Upanishad de la India, tiene hoy mucha más vigencia, ya que se encuentra respaldada por las teorías de la física cuántica. Esta nueva disciplina de la ciencia admite que los seres humanos formamos parte de un todo, que el universo que nos envuelve forma parte de nosotros y que nosotros estamos íntimamente conectados a ese universo. Las partículas cuánticas que forman parte de las moléculas de nuestro cuerpo están en conexión con las partículas del Sol y de todos los astros que nos rodean. El universo entero está en nosotros, del mismo modo en que nosotros estamos o formamos parte de él.

No somos entes aislados, dependemos de todas las energías que nos rodean y podemos utilizarlas para trascender a estados superiores.

Prestigiosos científicos han señalado que somos el universo observándose a sí mismo. No cabe duda de que somos una parte de ese entorno cósmico que nos rodea y, para conocer la verdad sobre él, tenemos que recurrir a una búsqueda interior que se complemente con un conocimiento externo.

Tener conciencia de nosotros mismos, conocernos interiormente, es la fórmula mágica para evolucionar hacia un ser superior, un ente que no dependa de los designios de los demás o de los condicionantes sistemas sociales.

El camino para alcanzar esa independencia de nuestra conciencia es el conocimiento interior, lograr la armonía con nuestro cuerpo. Para ello, debemos escuchar, observar y estar atentos a nosotros mismos. Siempre existe un camino para salir de todos los problemas, ese camino es, en realidad, un camino interno.

¡Transfórmate!

Hemos vivido durante muchos años arrastrando un viejo programa mental, unos condicionamientos sociales, unos falsos valores y unas creencias que casi nos han convertido en máquinas. Es hora de llevar a cabo una transformación, de regresar a nosotros mismos y dejar de aceptar manipulaciones externas.

«La transformación se realiza a través del cuerpo, no alejándose de él.»

Eckhart Tolle

El único camino que nos lleva a la realización es el camino interior. El mundo exterior sólo puede ofrecernos triunfos efímeros, logros mundanos que nada tienen que ver con nuestra vida interior, con nuestro progreso y bienestar real. Llega un momento en la vida en que tenemos que escoger entre trascender o aceptar los falsos valores que el sistema nos ofrece.

«Trascender no consiste en una conquista exterior, sino en una transformación interna.»

Swami Nityabodhananda (guía espiritual indio)

Transformarse es un paso muy importante en nuestro mundo social, ya que todos los valores que el sistema nos ofrece se convierten en pequeñas minucias ante el gran cambio interior que se produce. Transformarse significa percibir desde una nueva perspectiva tanto nuestro ser como el mundo exterior que nos rodea. Precisa de una actitud nueva respecto a nuestro cuerpo y a la relación que mantenemos con él; una actitud que nos llevará a escuchar y observar lo que antes no escuchábamos ni observábamos. Transformarse representa, pues, una nueva visión de lo que somos y de las posibilidades internas que tenemos.

Para transformarse, es necesario llevar a cabo una revisión de todos los conceptos fundamentales de la naturaleza humana. No es preciso cambiar el mundo, pero sí adoptar una nueva manera de contemplarlo desde la perspectiva interna, que no es ya la que nos indujeron a adoptar para captar una sola realidad. Tenemos que emprender una profunda revisión de los valores con los que nos movemos en la sociedad, y que los nuevos valores adoptados nos lleven de la competición a la cooperación, de la autoafirmación a la integración, de la expansión a la conservación, de la cantidad a la calidad, del dominio a la asociación y de la división a la unión.

Durante toda nuestra existencia nos han venido inculcando que podíamos triunfar y ser felices en la vida con un título universitario y una pareja fiel. Pero es evidente que esa sencilla receta no ha funcionado para muchos ciudadanos de este mundo, al menos en lo que respecta a la felicidad.

Un periodista, y viejo amigo mío, explicaba que, al principio, cuando somos muy jóvenes, queremos cambiar el mundo; luego, queremos cambiar de país; más tarde, queremos cambiar de casa y de pareja; y, al final, cuando se llega a la madurez, de lo único que se quiere cambiar es de conversación.

> «El hombre encierra en sí un fuerza superior a la de los astros, y vencerá sus influencias, si vive en justicia; mas si sigue sus tendencias ciegas y desciende a la clase de los brutos, viviendo como ellos, el rey de la naturaleza ya no mandará, sino que será mandado por la naturaza misma.»
>
> **Tycho Brahe (astrónomo danés)**

«Cambiar de conversación» significa posiblemente en este contexto no aguantar temas de conversación que no nos producen ningún beneficio. Es indudable que precisamos una transformación ante un mundo que está emergiendo desde lo más profundo de la marmita sagrada del cambio mental. Ese nuevo mundo nos confirma que la vida tiene unas dimensiones más interesantes y trascendentes. Este es el motivo que hace insoslayable el momento de transformarse, de reflexionar y pensar hasta dónde nos han llevado los viejos conceptos que nos han inculcado a lo largo de la historia de la humanidad. Disponemos de una fuerza interior más grande de lo que creemos, una fuerza energética que no estamos utilizando, y ha llegado el momento de utilizar ese recurso otorgado por la naturaleza.

Para transformarnos, tenemos que plantearnos algunas ideas nuevas y tratar de llevarlas a cabo sin ningún temor:

* Vivir el presente conscientemente.
* Tener ansias de liberación a través de un conocimiento más elevado.
* Reemprender el vínculo perdido con nuestro medio ambiente natural.
* Cuestionar los modelos imperantes.
* Expandir nuestro conocimiento y evolucionar a través de nuestra conciencia.
* Renovar nuestra vinculación con la totalidad de la humanidad y con el universo que nos rodea.

- Interconectar con todo sistema de vida.
- Cultivar nuestros poderes mentales, estudiarlos e investigarlos.
- Concienciarnos de que ya no queremos seguir siendo manipulados, ni permitir que se pongan límites a la mente humana; ni a través de valores caducos, ni a través del miedo.

Somos dioses

El padre Bede Griffiths[8] recuerda que san Anastasio, que fue un gran teólogo, dijo que Dios se hizo hombre, y, por tanto, el hombre puede hacerse Dios.

A medida que avanzamos en nuestros conocimientos y sabiduría, nuestra mente se transforma y accede a nuevas posibilidades en el dominio del cuerpo y en el entendimiento en general. Algún día seremos capaces de comprender absolutamente nuestro cuerpo, sabremos observarlo y conseguiremos que nuestra mente sea la que gobierne en nuestro interior. Posiblemente, seremos conscientes de nosotros mismos y de la capacidad mental que tenemos para sanar cualquier parte de nuestro cuerpo que por negligencia o accidente tengamos dañada. Poseeremos unos poderes que los antiguos atribuían sólo a los dioses. Dice Ken Wilber que la distancia que hay entre el hombre y los dioses no es mucho mayor que la que existe entre las bestias y el hombre. La realidad es que ya hemos recorrido esta última distancia y, por tanto, no hay razón para pensar que no podamos recorrer, eventualmente, la distancia que nos separa de los dioses.

«Nadie puede conocer a Dios si no se conoce antes a sí mismo.»

Eckhart Tolle

[8] En su libro titulado *Diálogo con científicos y sabios*.

El secreto para alcanzar este estado divino sólo consiste en conocernos a nosotros mismos. Somos dioses en potencia, sometidos a un sistema que no nos deja pensar, que actúa contra nosotros y que pretende tenernos relegados a su voluntad y convertirnos en simples autómatas. De nosotros depende desarrollar nuestra divinidad. Sólo tenemos que observarnos y conocernos en profundidad, escuchar nuestro cuerpo y considerarlo un todo con nosotros y el universo que nos rodea.

«Somos dioses, nos hemos convertido en dioses griegos, de la época clásica, que eran seres con psicología, pasiones humanas y superpoderes. Podían volar, o arrasar casas, pero tenían mente humana.»

Juan Luis Arsuaga (paleontólogo del yacimiento de Atapuerca)

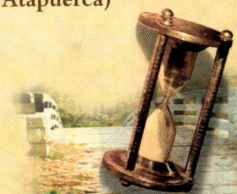

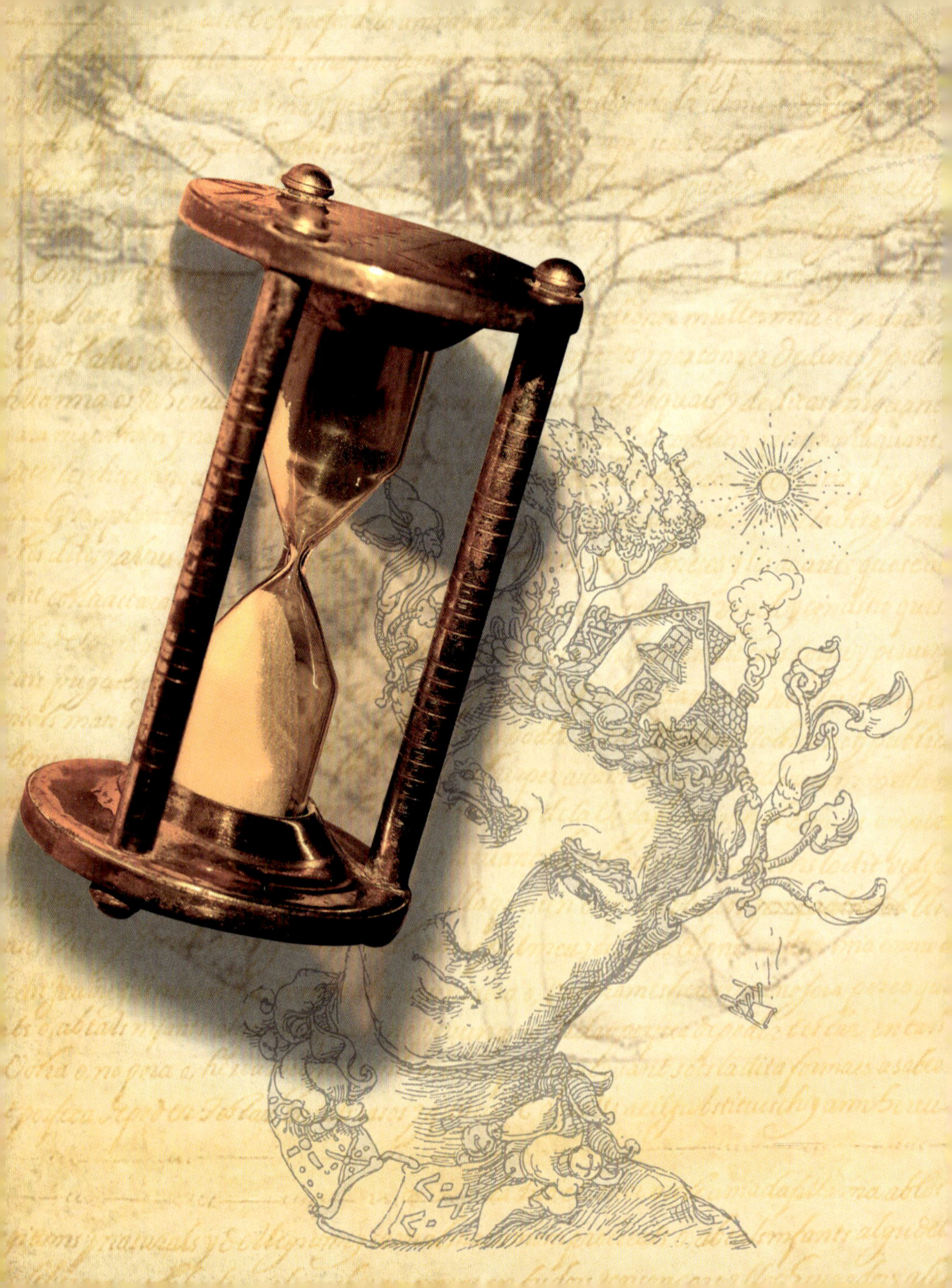

8.
Relacionándote con los demás

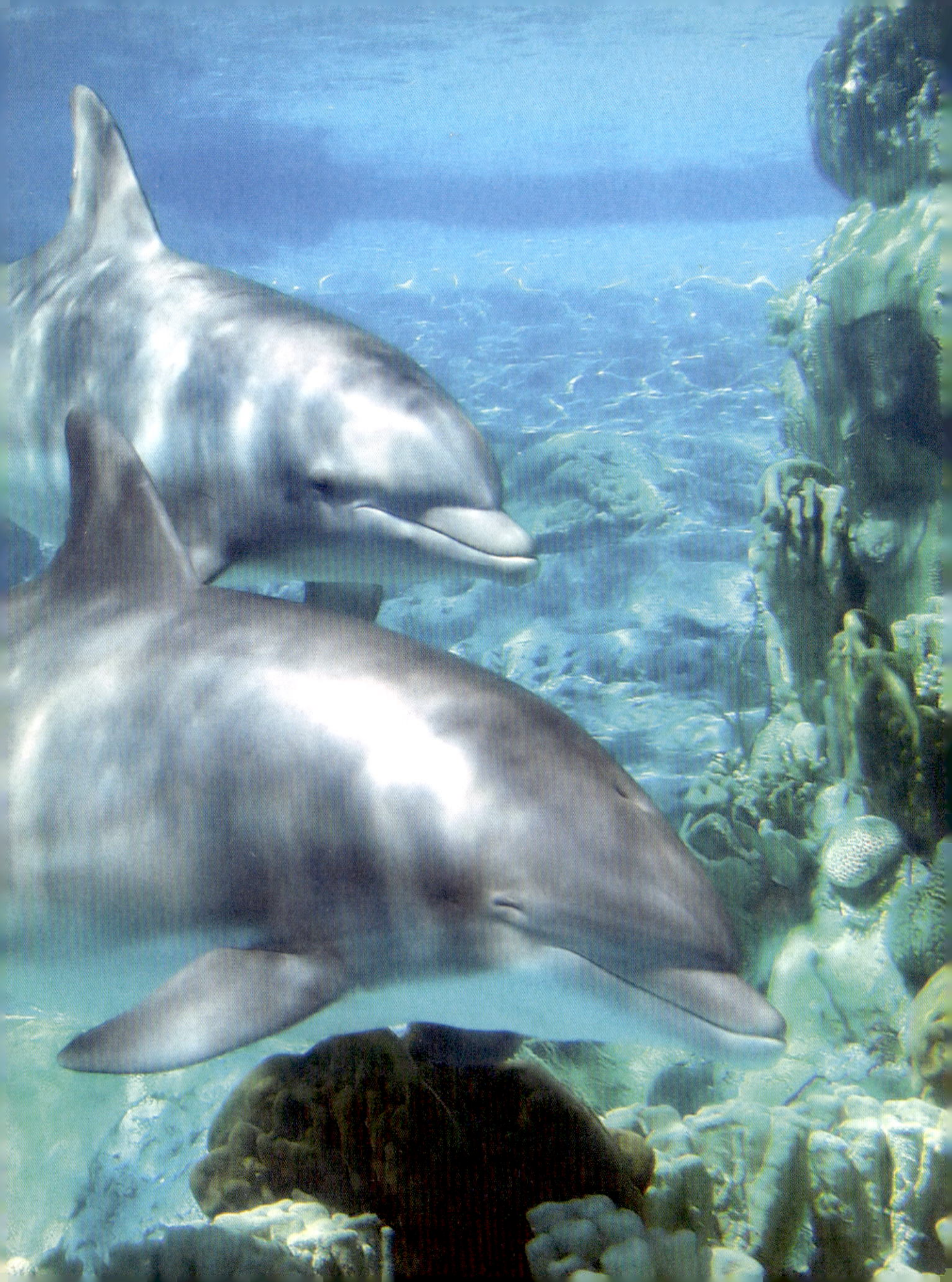

Tu mundo y el mundo de los otros

Cada uno de nosotros es un ente distinto; hemos sido criados y educados en diferentes ambientes y sistemas. Cada uno de nosotros tiene sus peculiaridades, debidas a las costumbres de nuestras familias, a los colegios en los que hemos estudiado, a los sucesos que han acaecido en nuestras vidas, a los dramas y tragedias que hemos vivido, a los traumas que se han enquistado en nuestro interior, a nuestras creencias y nuestros valores... Por todo ello, no hay dos personas iguales. Todos tenemos un mundo interior que es distinto del mundo interior de las otras personas con las que nos cruzamos en la vida. Cuando decimos que somos iguales a alguien, generalmente, estamos sufriendo un proceso de identificación, algo de lo que ya hemos hablado y que puede convertirse en un grave problema para nuestra propia personalidad.

Todos somos distintos y estos factores de diferenciación se acentúan si nos comparamos con habitantes de otros países culturalmente muy alejados de nosotros. Aun suponiendo que aceptáramos sus costumbres y su escala de valores, es decir, su forma de vivir, y sus creencias religiosas, éticas o morales, quedaría una fuerte barrera por superar: la psicológica. La barrera psicológica depende de las circunstancias de la vida de cada persona: los sufrimientos, los desengaños, los traumas, los bloqueos, los dramas vividos y los recuerdos que conforman su mente.

Cada uno de nosotros tiene un mundo interior, independiente del exterior, un mundo que hace que seamos como somos y que reaccionemos de determinada manera ante los sucesos de la vida. Un entorno difícil de gobernar, y que sólo dominamos cuando nos conocemos profundamente. Razón por la que hasta ahora hemos insistido tanto en ello. Es preciso conocer el porqué de esas emociones que, en muchos casos, afloran inesperadamente.

«A menos que accedas a la frecuencia consciente de la presencia, todas las relaciones, y en particular las relaciones íntimas, acaban fracasando.»

Eckhart Tolle

Nuestras relaciones con los demás dependerán de lo que Daniel Goleman identifica como el «reconocimiento de las emociones ajenas», que nos indicará las necesidades y los problemas de los demás, y nos brindará la oportunidad de aprender el arte de relacionarnos con las emociones ajenas. Estos dos factores constituyen lo que en psicología se denomina «empatía». Es decir, la capacidad de experimentar en uno mismo los sentimientos de otras personas, de ponerse en el lugar de los otros. Esta actitud nos llevará a conseguir unas relaciones estables, un equilibrio en la vida social.

El arte de escuchar y superar la verborrea mental

Nuestro cerebro nos bombardea continuamente con una verborrea mental que no nos permite escuchar ni conseguir la empatía con el resto de los seres que nos rodean. El primer paso que debemos dar para lograr escuchar a los demás está en superar esta verbosidad mental. A menudo sucede que, cuando alguien nos está hablando, nosotros o estamos inmersos en nuestros propios pensamientos o estamos esgrimiendo respuestas defensivas a lo que nos comunica sin escuchar los argumentos que nos expone. Esto, indudablemente, no es empatía. La empatía empieza por escuchar y ponernos en el lugar de la otra persona. Captar no sólo los argumentos que nos ofrece, sino, también, sus emociones, que nos revelarán qué es lo que aquella persona desea o necesita, o qué problemas tiene. Nuestra virtud estará en relacionarnos adecuadamente con esas emociones, en experimentar los mismos sentimientos de nuestro interlocutor.

«El principio del diálogo es fundamental. Queremos hablar hasta con los sordos.»

Paolo Fabbri (profesor universitario)

Para conseguir esta empatía, debemos escuchar, poner nuestra mente en blanco y atender a lo que la otra persona está exponiendo. Pero no sólo debemos estar atentos al contenido racional, sino a las emociones que generan sus palabras, a los sentimientos que fluyen, a toda un serie de factores que nos permitirán, como dice Eckhart Tolle, acceder a su frecuencia, estar los dos en la misma onda. Eso no quiere decir que tengamos que estar de acuerdo con él en todo, pero sí que será más fácil para nosotros comprender sus razones si tenemos acceso a sus sentimientos, a sus emociones, a todo ese entramado psicológico que le hace pensar lo que nos está diciendo.

Esta actitud de escucha y de empatía emocional no es un comportamiento manipulador, sino una apertura hacia los demás que nos permite comprender las razones que les impulsan a actuar de una forma u otra; razones que en la mayoría de los casos esas personas desconocen porque no han conectado con su mundo interior y se han ido dejando llevar por falsos valores o por emociones negativas causadas por traumas que no han sabido reconocer.

«Los pensamientos o actividades que son en sí inteligentes pueden resultar estúpidos si el marco en que se mueven es estúpido.»

José Antonio Marina, *La inteligencia fracasada*

Durante una conversación, hemos de poder captar el pensamiento de nuestro interlocutor, leer en su cerebro sin ser influenciados por sus palabras. No debemos nunca juzgar por lo externo; si juzgamos por las apariencias, obtendremos únicamente superficialidades.

El arte está en escuchar, una cualidad que pocas personas poseen. Es a través de esta facultad milenaria, que han practicado los maestros de todas las tradiciones antiguas, como se consigue comprender a los demás, lograr la empatía con ellos y ayudarlos a resolver sus contradicciones internas, o, por lo menos, advertirles de la necesidad que tienen de buscar en su interior.

Huir de los lugares profanos y buscar lo creativo

Parece que en la vida los lugares profanos son los preferentes de nuestra mente, ya que son lugares en los que la conversación es trivial, en los que estamos para pasar simplemente el tiempo, en los que la única preocupación es la charlatanería y la relación insulsa con otras personas. Son lugares que nos sumergen en un falso sueño, nos alejan de la verdadera realidad de la vida.

A la mente sin educar le gustan estos lugares, puesto que en ellos no tiene conflictos interiores, se olvida de los problemas fundamentales, comparte la vida con bufones le hacen pasar un rato divertido y deja de plantearse aspectos relativos al gran misterio de la existencia o a la búsqueda interior.

Ya hemos explicado que a la mente no le resulta cómodo que tratemos de profundizar en ella, saber por qué reacciona de una manera determinada ante algunos aspectos de la vida. La mente quiere dominarnos, parece que con nuestra presencia en lugares profanos quiera apartarnos del sufrimiento, de las preguntas embarazosas, de pensar en nuestro final irremediable. Pero esto no es sino un engaño, ya que nuestro primer objetivo debe ser el de dominar nuestra mente y averiguar la verdad sobre nosotros mismos y sobre nuestra existencia.

¿Adónde nos lleva una vida ociosa y vacía? Indudablemente, a ningún lugar interesante, a ninguna realidad, al transcurso de una supervivencia sin respuesta alguna para los aspectos verdaderamente importantes. Seguir ese camino sería llegar al final de nuestras vidas para darnos cuenta de que hemos colocado la escalera por la que hemos ascendido en la pared equivocada.

«El mundo es difícil, es un lugar donde no resulta fácil llegar al final de una vida sin descubrir que ha sido malgastada.»

Kazuo Ishiguro (escritor japonés)

Durante mi paso por el Instituto de Psicología Transpersonal, muchas mujeres y hombres que habían sufrido una separación reciente me relataban su gran decepción en la búsqueda de otro compañero o compañera. Para llevar a cabo esta búsqueda elegían lugares u ocasiones verdaderamente profanos, bares nocturnos, cenas de separados o divorciados, etc. Ambientes que no les aportaban nada más que engaños y nuevas decepciones. Mi consejo siempre era el mismo: busca en entornos que sean de tu agrado, en ambientes que se correspondan con aquellas actividades que sean de tu interés. Es decir, si amas a los animales, hazte de una sociedad protectora de animales. Si te gusta el arte, acude a centros donde enseñen a pintar o modelar; si sientes interés por ayudar a los niños del Tercer Mundo, hazte socia o socio de una sociedad dedicada a este fin. Acude a aquellos actos culturales que te atraigan, a conciertos o conferencias en los que disfrutes de verdad. En cualquiera de estos lugares que despiertan tú interés podrás encontrar a otra persona que comparta tus mismos intereses, y, como mínimo, habrá una empatía inicial relativa a una afición común.

Amor y odio

El amor puede convertirse en odio. En realidad, es algo que ha sucedido en millones de parejas que empezaron su relación completamente enamorados y terminaron distanciándose profundamente. Los poetas románticos opinaban que cuanto más se ama a una mujer, más cerca se está de odiarla.

Una de las causas del fracaso en el amor está caracterizada por el sentido pasional de la posesión. La realidad es que el amor tiene una dimensión posesiva. De ahí los crímenes pasionales. Lo que caracteriza a un crimen pasional es, precisamente, el amor.

El verdadero amor no está en amar pasionalmente a la otra persona, tampoco en considerarla como un objeto de posesión. Nadie es de nadie. El verdadero amor consiste en luchar por llegar a comprender a la pareja. Comprender por qué reacciona de una forma determinada ante los distintos problemas conyugales, comprender su mundo interior. Es decir, hay que desarrollar una empatía que permita reconocer sus emociones relevantes, sus necesidades y problemas. Y experimentar en uno mismo los sentimientos de la pareja. Estos aspectos nos llevarán a conseguir unas relaciones verdaderamente estables, un equilibrio y una armonía conyugal reales.

Amor y pasión no son aspectos duraderos de la pareja. El fallecido escritor José Luis Vilallonga señalaba que el amor-pasión se convierte un día u otro, como cualquier amorío banal, en una luz de bengala, o mejor dicho, en un fuego artificial. El último cohete lo enciende aquel de los dos amantes que abre los ojos al primero. Los franceses llaman a eso *recuperer ses esprits*.

> «Parece que la mayoría de las relaciones amorosas pasan a convertirse muy pronto en relaciones de amor/odio.»
>
> Eckhart Tolle

Lo más difícil en el amor es alcanzar la correspondencia manteniendo la autonomía. Este es uno de los aspectos que deben considerar las parejas a la hora de iniciar una relación. Pero también existen otros factores, como el aspecto intelectual, el espiritual, el afectivo, el sexual y, en cierto modo, el individual.

Hagamos un somero análisis de estos factores, empezando por el intelectual.

Si dos personas desean vivir juntas, deben tener cierta armonía intelectual, es decir, un nivel intelectual semejante para compartir las mismas inquietudes. Lo contrario lleva a la desaparición del diálogo, a un permanente silencio mutuo. La evolución intelectual debe ser común, con el fin de compartir los mismos valores y acceder al mismo nivel de conocimientos.

También debe existir un proyecto espiritual. Es decir, compartir experiencias espirituales comunes que comporten una búsqueda del verdadero sentido de la vida. La unidad espiritual es más importante que los aspectos religiosos, ya que la espiritualidad emana de nuestro interior y tiene capacidad para transformar nuestras vidas.

La afectividad se consigue sintiéndose comprendidos, notando que la otra persona nos entiende y que, por lo tanto, sus actos están enfocados a proporcionarnos la felicidad.

Lo corporal y lo sexual se traduce en la importancia que tiene mantener un comportamiento afectivo y natural. Un comportamiento que manifiesta cariño, ternura o deseo sexual de una manera alejada de todo sentimiento posesivo. Un estado en el que las emociones fluyen controladas y conociendo la importancia de su manifestación.

«Con el amor ni siquiera podemos describir de qué color son los ojos del otro..., tan sólo hay una mirada.»

Lydie Salvador (autora del libro *La declaración*)

Finalmente, destacaremos el tema de la individualidad, un aspecto que genera problemas cuando no se respeta la intimidad del otro. Respetar la intimidad significa permitir al otro miembro de la pareja estar solo consigo mismo, vivir momentos de silencio y de cierta soledad. Instantes de relajación en los que se medita, se reflexiona o, simplemente, se pasea disfrutando de esos minutos mágicos con uno mismo.

Al margen de estos aspectos, las parejas tienen una necesidad de comunicación; necesitan compartir las diferentes emociones de la vida; manifestar su opinión sobre la música, el arte, etc.; darse a conocer para mantener una relación sincera; escucharse para lograr esa empatía de la que hablábamos antes; dialogar para ayudarse en la resolución de los conflictos; expresar sin temor los sentimientos, etc.

Algo sobre nuestras relaciones laborales

Lamentablemente, las relaciones laborales nos son impuestas en muchas ocasiones por las circunstancias. No todos trabajamos donde nos gustaría ni con la gente que desearíamos. Este hecho nos produce malestar, y nos vemos obligados a vivir una serie de horas al día con ese malestar en nuestro interior. En tales casos, lo ideal es cambiar de lugar de trabajo, pero eso no resulta fácil en un mundo en el que, desgraciadamente, los trabajos no son fáciles de encontrar. Así que en muchas ocasiones nos vemos obligados a pasar una parte de nuestras vidas haciendo lo que no nos gusta al lado de personas con las que no tenemos ningún tipo de empatía.

«... construirás tu propia cárcel, una cárcel de emociones. Cuando te halles en ella, te herirás con los barrotes que tú mismo has colocado.»

Hadrat-i-Paghman (maestro sufí)

¿Cómo solucionar esta situación? Verdaderamente, no es sencillo. Por un lado, debemos vivir con la ilusión de encontrar el trabajo que nos gusta junto a las personas que nos agradan, pero eso no tiene que ser sólo una ilusión que esté en nuestro cerebro, sino que es algo por lo que tenemos que luchar y esforzarnos. Debemos buscar incesantemente, sin crearnos ilusiones de futuro, pero con la seguridad de que nuestro esfuerzo será fructífero. Mientras tanto, tendremos que compartir nuestra vida con esas personas que nos disgustan y que, por este motivo, nos brindan la oportunidad de averiguar por qué nos disgustan, qué aspectos hay en ellas que nos llevan a rechazarlas. Es decir, aprovecharemos para realizar un estudio de sus emociones y de los aspectos que las hacen desagradables para nosotros.

«Los sabios entienden a los ignorantes, porque también ellos fueron ignorantes alguna vez. Pero los ignorantes ni se entienden a sí mismos ni entienden a los sabios, pues ellos no han sido sabios nunca.»

Proverbio sufí

Veremos que en el contexto laboral existen una serie de aspectos que son negativos y que pueden ser contagiosos. Si observamos detenidamente, nos daremos cuenta de que existen personas que mantienen siempre una actitud negativa ante todo y que, en realidad, están desconectados de su entorno. No se trata de salvar ni de corregir a estas personas, porque en numerosas ocasiones sería como golpear hierro frío; pero sí que debemos saber reconocerlas para evitar que nos transmitan su actitud negativa y derrotista. Las personas que nos rodean en el entorno laboral representan mucho para nosotros debido al gran número de horas que pasamos a su lado, y veremos que si son personas negativas, pueden crear desmotivación en todos sus compañeros. Si observamos detenidamente a estas personas, nos daremos cuenta de que su actitud negativa es debida a que están alejadas de los proyectos y objetivos que se plantean en el trabajo. Son personas que, por causas personales o de dominio de sus egos, poseen un alto grado de animadversión hacia la empresa o hacia sus superiores. Sus niveles de satisfacción y compromiso laboral son muy bajos, posiblemente por razones que sus yoes interiores reivindican, con razón o sin ella. Son personas se sienten infelices y que han perdido todo el interés por lo que están haciendo. Esta actitud desmotiva a quienes rodean y alimenta el miedo en ellos; y ya hemos visto cómo el miedo se convierte en una de las emociones más desastrosas a las que nos podemos enfrentar. En ocasiones, su actitud es debida a que perciben en el entorno laboral una situación de injusticia, que, sea real o no, no debería salpicar nunca a los demás. Es difícil hacer reaccionar a estas personas, ya que, como señala un dicho sufí, no se debe enseñar a quien no desea aprender, y, por lo general, las personas con actitud negativa son bastante reacias a cambiar de parecer, debido a que sus egos se han incrustado en su ser convirtiéndose en una madeja de bloqueos interiores que sólo una experiencia muy fuerte puede desbloquear. Si no estamos preparados para tratarlos, para aconsejarlos y librarlos de su negatividad, lo mejor es que nos alejemos, ya que nuestro fracaso puede convertirse también en algo negativo para nosotros, y podríamos estar constantemente culpándonos por no haber sabido hacerles ver la realidad o por no haber puesto suficiente interés en el empeño.

«A veces un pesimista es sólo un optimista con información adicional.»

Idries Shah (maestro sufí)

Debemos elegir relacionarnos con aquellas personas que nos aporten algo: su saber, su inteligencia, sus conocimientos. Una relación que nos llene, nos satisfaga, nos brinde armonía. Debemos evitar esas relaciones que nos deprimen o nos idiotizan, relaciones mediocres que sólo llevan al cotilleo y a la pobreza espiritual.

Somos nosotros la causa de nuestros problemas

Uno de los rasgos de la victimización consiste en atribuir a los demás la culpa de los propios problemas. La realidad es que todos los problemas que tenemos en la vida son consecuencia de nuestras acciones.

> «Y no obstante, en todo el ancho mundo no hallarás un escondite en el que no te alcancen los problemas...»
>
> **Soren Kierkegaard**, *Discursos edificantes*

Los problemas sobrevienen como consecuencia de decisiones erróneas que hemos tomado. Decisiones que nos han llevado a relacionarnos con personas que no nos convenían o a frecuentar lugares que eran los más apropiados para que surgiera todo tipo de problemas. En ocasiones, tomamos decisiones sin ninguna reflexión previa, sin atender a nuestra intuición.

La causa de un problema está siempre en nosotros, responsabilizar a los demás es no admitir nuestros propios errores. Si tenemos problemas laborales, es debido a que hemos elegido mal el lugar de trabajo o nuestra relación con la gente con la que trabajamos. Si nuestra relación matrimonial fracasa, no es debido al carácter o la forma de ser de la otra persona, sino a que nosotros no hemos sabido elegir con cuidado a la persona adecuada.

Nuestras decisiones tienen una vital importancia no sólo en nuestras vidas, sino en las vidas de los demás. Nuestros actos repercuten en toda la humanidad. Estamos unidos a todo lo que nos rodea; cualquier decisión en nuestra vida tiene un alcance inimaginable.

«Cuando decides un acto, estás decidiendo en nombre de toda la humanidad.»

Jean Paul Sartre (filósofo, escritor y dramaturgo francés)

Por insignificante que sea la decisión que tomamos, está repercutiendo en todo el mundo, en los que nos rodean y en el resto de la humanidad. Los seres humanos estamos unidos en una inmensa red cuyos hilos se entrelazan de una forma asombrosa. Rompe un hilo y su resultado puede significar la ruptura de un nudo, y, como consecuencia, todo un desastre en la red.

La negatividad y sus consecuencias

No existe nada peor en el pensamiento de las personas que la negatividad. La negatividad produce vibraciones oscuras y energías contaminantes; genera estados de desánimo, malestar e, incluso, enfermedad. Cuando nos enfrentamos a un problema con negatividad, emitimos ondas negativas y, por tanto, estamos trasladando esa negatividad a todo lo que nos rodea.

«**No necesitas ser especialmente sensible para darte cuenta de que un pensamiento positivo produce una sensación totalmente diferente de la que produce un pensamiento negativo.**»

Eckhart Tolle

Ante una dificultad cualquiera, tendremos siempre más posibilidades de surgir victoriosos si nuestros pensamientos son positivos. Con el pensamiento positivo produciremos una energía positiva que contagiará de optimismos a quienes nos rodean, y esto puede convertirse en la apertura de un orden superior.

La negatividad creará en nuestro interior un estado de ánimo débil, una sensación de impotencia y miedo, una incapacidad de buscar ideas brillantes que nos permitan salir del atolladero en el que nos encontramos. La enfermedad se produce como consecuencia de una circulación de fuerzas negativas por nuestro cuerpo, o como consecuencia de la falta de capacidad para crear sustancias positivas que nos ayuden a superar la situación.

«Mi secreto es este: no me importa lo que pase.»

Jiddu Krishnamurti (guía espiritual indio)

En ocasiones, damos demasiada importancia a los hechos que nos suceden o a los problemas que nos atormentan. En realidad, nada importa en la vida; sólo el hecho de vivir es importante, e, indudablemente, no se puede vivir en un estado negativo, ya que eso significa situarse en la escala más baja de vibración.

«Los pensamientos tienen su propia gama de frecuencia, con los pensamientos negativos en el extremo inferior de la escala y los pensamientos positivos en lo más alto.»

Eckhart Tolle

Una escala de valores y prioridades

En la vida tenemos que tomar decisiones y crear nuestra propia escala de valores. Es decir, debemos sentarnos a reflexionar sobre qué es lo más importante para nuestra felicidad, qué nos produce estados de ánimo positivos y qué nos produce estados negativos. Crear una escala de valores significa decidir qué es lo más importante para nosotros, por ejemplo, nuestra salud, nuestra libertad, nuestras inquietudes espirituales, nuestra hambre de conocimiento. Es decir, toda una serie de factores que nos hacen felices y que nos ayudan a lograr estados de ánimo positivos.

Somos nosotros los que debemos escoger qué valores nos benefician y decidir cómo vamos a vivirlos. También debemos averiguar qué valores no nos benefician y nos producen estados de ánimo negativos, para así apartarnos de ellos. Puede ocurrir que determinados valores, como por ejemplo la fama, nos atraigan inicialmente, pero, como ya hemos explicado en otro capítulo, sus consecuencias no siempre son positivas.

«La incapacidad de tomar decisiones es, sin duda alguna, un fracaso para la inteligencia.»

Erich Fromm (psicólogo, filósofo y humanista alemán)

Una vez que tengamos claro cuáles son los valores que consideramos positivos y que pensamos que pueden llenar nuestra vida, es cuando debemos crear una escala de prioridades. Es decir, una escala por la que empezar a trepar en nuestra vida para alcanzar los valores deseados. Estas prioridades dependerán de las circunstancias que nos rodeen, pero en ningún caso deberemos dejar de luchar por ellas.

A modo de orientación, quiero recordar al lector aquella escala que Abraham Maslow determinó como característica de una persona sana, pero que bien podríamos considerar como la escala de valores y prioridades que a todo ser humano le conviene alcanzar:

* Una percepción superior de la realidad.
* Una mayor aceptación de nosotros mismos.
* Un comportamiento más espontáneo.
* Un mayor análisis y un mejor enfoque de los problemas cotidianos.
* Un mayor deseo de independencia e intimidad en nuestras vidas.
* Una mayor resistencia al adoctrinamiento.
* Un mayor dominio de las emociones.
* Una mayor frecuencia de experiencias importantes.
* Una mayor identificación con la naturaleza.
* Un mayor esfuerzo en la creatividad.

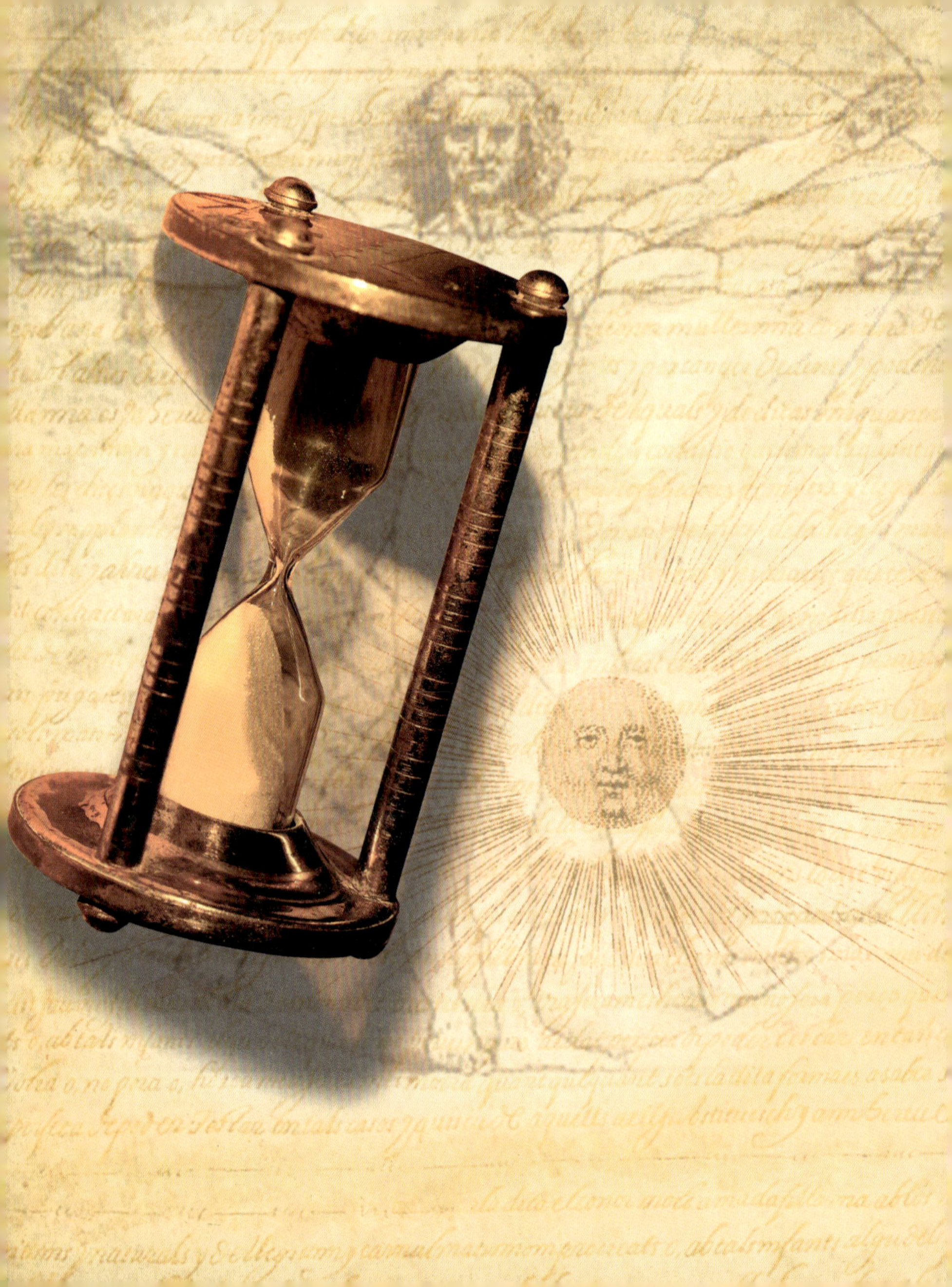

9. El mundo de la meditación y la soledad sagrada

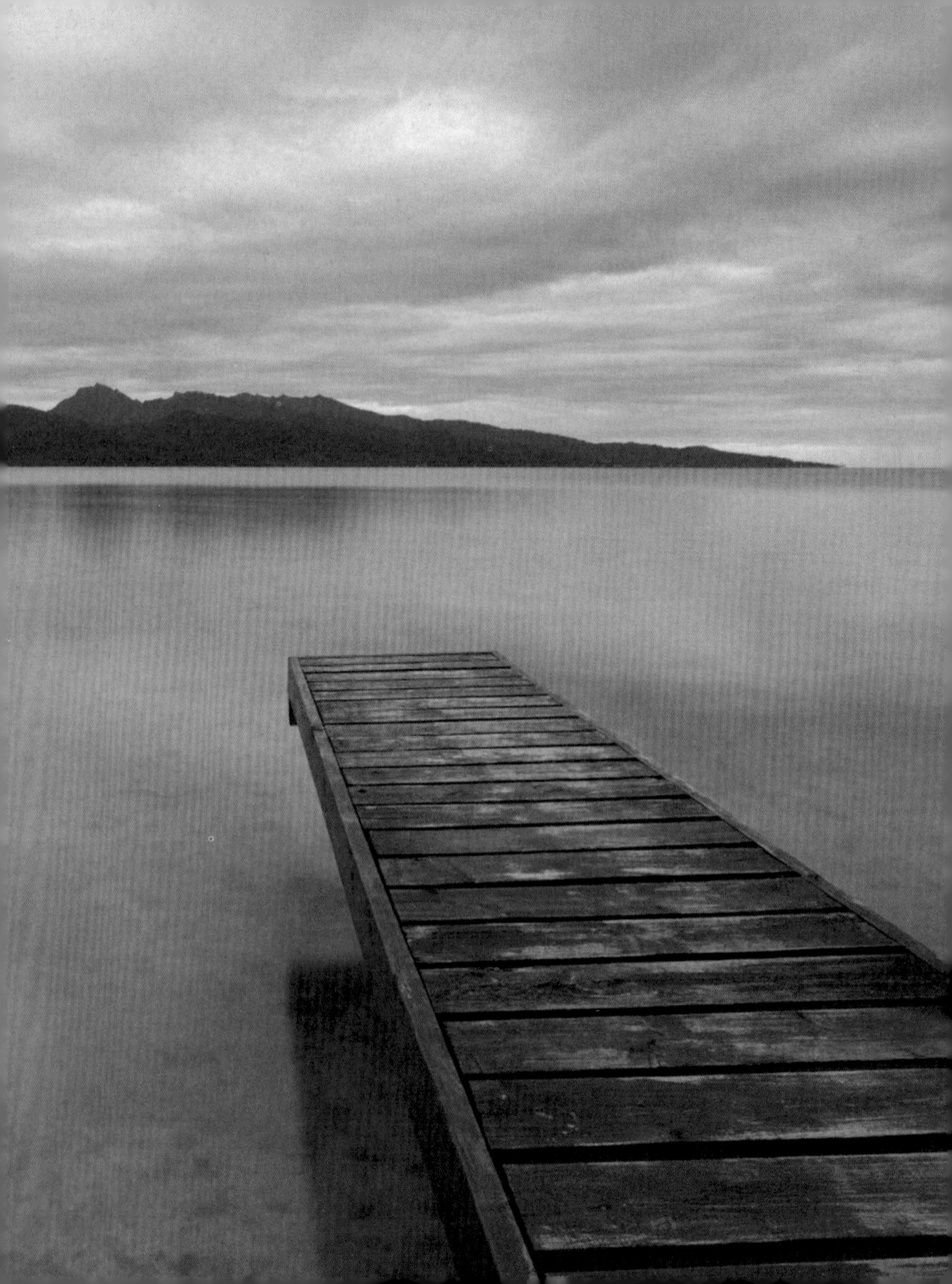

Meditación, soledad y silencio

La meditación es una alternativa mental a todo el bombardeo exterior que sufre la mente humana y también una forma de huir de la verborrea de nuestro propio cerebro que nos impide vivir el aquí y ahora, el eterno presente.

La meditación nos obliga, de una forma categórica, a ser nosotros mismos, y, por tanto, es una forma de hallar la soledad y el silencio.

«La meditación es simplemente un estado natural de paz en el que dejamos fluir todo aquello normalmente inhibido en nosotros.»

Lama Anagarika Govinda (fundador del movimiento budista Arya Maitreya Mándala)

Ante todo, conviene señalar que la meditación no tiene nada de misterio. No hay nada de esoterismo ni de ocultismo en la meditación, solamente es una técnica psicológica. La meditación se aprovecha de la estructura del sistema nervioso para producir unos determinados estados de conciencia, al mismo tiempo que consigue activar todas nuestras neuronas. Olvidemos, por tanto, la idea de misterio, ya que, si existiera algo misterioso, no estaría en los métodos que se utilizan para meditar, sino en los fenómenos que emergen en nuestro cerebro.

«El mundo de los dioses se conquista a través de la meditación.»

Brihadaranyaka Upanishad

En los procesos meditativos nos introducimos en un ejercicio espiritual por excelencia, un proceso místico que no está condicionado por ningún elemento externo. Es una forma de abrir nuestra mente y equilibrar nuestras emociones, haciendo emerger aquellas partes de nuestras vidas que se encuentran más silenciosas a lo largo del día. Pero también es un sendero directo que supera la palabra y lleva al ser humano al silencio espiritual. Así, la meditación se convierte en una herramienta de incalculable valor para profundizar en nosotros mismos y acercarnos a un silencio íntimo infranqueable.

Se trata de un proceso que nos ayuda a descubrir la quietud y la sabiduría oculta. Pero también es un proceso que sirve para limpiar toda la basura que el sistema social nos ha inculcado, al tiempo que limpiará nuestras heridas, que se abrirán de nuevo para curarse de verdad, porque la meditación es un camino hacia la verdad interna.

La meditación es un sendero que lleva a la calma interna, al silencio, al equilibrio y la serenidad. Un proceso transformador que nos produce un notable cambio de conducta, no sólo en nuestros hábitos, sino también en nuestro carácter y comportamiento ante los problemas. Las personas que meditan son menos agresivas, más reflexivas y más dialogantes, y viven menos estresadas, ya que la meditación tiene una clara repercusión en los aspectos emocionales, reduciendo la angustia, la ansiedad, los miedos y fobias, y controlando, en general, nuestras emociones. Toda esta serie de factores nos conduce a la calma interior.

«Adquirir conciencia de la calma siempre que la encontremos en nuestra vida nos conectará con dimensiones sin forma y sin tiempo que hay dentro de nosotros.»

Eckhart Tolle

Otro aspecto importante que aparece en las personas que meditan es la autoestima. Empieza uno a preocuparse más por la salud, la alimentación y todo aquello que puede afectar al bienestar humano. Al mismo tiempo, el meditador empieza a valorarse a sí mismo: ya no es un individuo más, sino un ser excepcional que constituye uno de los eslabones de la cadena humana.

Los efectos fisiológicos de la meditación también son destacables. Se ha comprobado que estabiliza la tensión y reduce la presión sanguínea, ayuda al crecimiento de dendritas neuronales que amplían las conexiones entre las neuronas del cerebro. Reduce el nivel metabólico y produce pautas peculiares en los niveles hormonales de la sangre y en la circulación sanguínea. También, según el doctor Wallace, produce pautas electroencefalográficas mejor sincronizadas y más lentas en cada hemisferio cerebral en particular y entre los ambos hemisferios. Y según Robert Ornstein, la meditación reduce el nivel de lactato en la sangre, un dato importante ya que un nivel alto de lactato se relaciona con las neurosis de ansiedad. Por tanto, la meditación ayuda a superar el conflicto interno que es origen de la neurosis: el conflicto de no saber quién es uno, ni qué está haciendo, ni cómo se relaciona con el mundo que le rodea. Por último, puede afirmarse que la meditación produce un verdadero equilibrio energético.

Para Ken Wilber, meditar se convierte en una necesidad si queremos participar activamente en el desarrollo evolutivo de la humanidad; hasta el punto de que, para este investigador, si no meditamos, jamás superaremos nuestra mediocridad. Según Wilber, la meditación desautomatiza, debilita el ego, nos abre las puertas a un orden superior, es evolución y transformación... Asimismo, para el psiquiatra y terapeuta gestáltico Claudio Naranjo, la meditación es un proceso para dejar atrás el ego sin tragárselo. Pero, sobre todo, Naranjo reafirma la idea de que meditar es vivir el aquí y ahora.

Soñar cada día lúcidamente

El trabajo con los recuerdos y con los sueños es un proceso que debemos seguir paralelamente al de la meditación. Existen muchos libros que hablan de la importancia de recuperar los sueños cuando nos despertamos. Pero aún más importante es poder llegar a tener sueños lúcidos.

Entendemos como sueño lúcido aquel que experimentamos cuando somos capaces de darnos cuenta de que estamos soñando mientras lo hacemos.

«Estamos hechos de la materia de los sueños.»

William Shakespeare

Para Charles Tart, el sueño es una experiencia durante la cual tiene lugar el procesamiento de la información relativa a la conciencia transpersonal del individuo. Frances Vaughan opina que los sueños son una valiosa fuente de información a la hora de emprender el camino espiritual, así como un auténtico manantial de experiencias transpersonales. Vaughan señala las siguientes secuencias para trabajar con los sueños:

* Aceptar las imágenes tal como son.
* Investigar la parte emotiva del sueño.
* Explorar las asociaciones e interpretaciones subjetivas que suscite.
* Utilizar, cuando sea necesario, la dramatización o la imaginación activa para completar el proceso.

«El soñador no es la persona, pues la persona forma parte del sueño. El soñador es el sustrato en el que aparece el sueño, lo que hace posible el sueño.»

Eckhart Tolle

Ya hemos señalado que entendemos como sueño lúcido aquel en el que durante su transcurso somos conscientes de que estamos soñando. Existen muchos tratados que explican cómo trabajar con sueños normales, sin embargo, los sueños lúcidos precisan una forma de trabajar muy característica. Veamos a continuación cuáles son las pautas que debemos seguir para trabajar con sueños lúcidos:

* Durante el día, cuando caminemos por la calle o estemos en algún lugar y presenciemos sucesos no habituales, debemos preguntarnos: ¿estoy despierto o dormido?, ¿estoy soñando o en vigilia?
* La acción anterior debemos realizarla varias veces al día, en cada ocasión en que una situación dada nos parezca un sueño.
* Debemos tener a mano, como en el caso de los sueños normales, la libreta para anotar lo que soñamos.
* Cuantos más sueños vayamos anotando, más fácil nos resultará recordarlos.
* Puede bastar con la intención de recordar y ser plenamente conscientes de esta intención antes de acostarnos. Nuestra mentalización debe ser: «quiero tener un sueño lúcido, es decir, quiero ser consciente de que estoy soñando, debo recordar que quiero darme cuenta de que estoy soñando».
* Una técnica para empezar a soñar es contar hacia atrás desde un número determinado, y, cuando llegamos al cero, decir: «estoy soñando».
* Al despertar, debemos proceder como en los sueños normales, preguntándonos sobre lo que hemos soñado.

Contactar con la naturaleza y meditar

La naturaleza es aquella fracción del mundo que no ha conseguido crear una forma orgánica que le permita desplazarse y moverse como nosotros, si bien podría interpretarse que el agua, que forma parte de la naturaleza, consigue desplazarse y moverse por todo el planeta. Asimismo, la naturaleza aparentemente en reposo que observamos, los árboles, las plantas y las rocas, son elementos que vibran como nosotros, que emiten ondas igualmente, ya que forman parte de todo ese mundo cuántico que nos envuelve, en el que las moléculas se desplazan y se intercambian.

Cuando meditamos, se producen vibraciones en las células de nuestro cuerpo, vibraciones capaces de desplazarse y contactar con lo que nos rodea. Estas vibraciones, al margen de formar parte de un proceso cuántico que nos comunica con el resto del universo, nos abren las puertas del conocimiento intuitivo, fortalecen y desarrollan la mente, nos hacen alcanzar el mundo de los sentidos más profundos.

Meditar es provocar cambios fisiológicos en el cerebro, en las neuronas y en sus conexiones. Practicar la meditación supone alcanzar una mayor armonía interior y contactar con el mundo exterior. El hecho de meditar en un claro de un profundo bosque nos proporciona un estado de armonía con la naturaleza, nos abre la mente, como explica el chamán Igjugârjuk al antropólogo danés Knud Rasmussen, señalándole que el verdadero saber sólo se puede encontrar lejos de la gente, en la gran soledad, porque la soledad abre la mente humana.

«En los lugares solitarios hay pureza y la mente se serena. Por eso la meditación en el ser se presenta. La inclinación a frecuentar estos lugares se considera sabiduría.»

Bhagavad Gita

La cumbre de un monte o el claro de un espeso bosque son lugares ideales para disfrutar de la meditación. Los antiguos druidas buscaban lugares escondidos en los interiores de los bosques para meditar, ya que estos lugares están cargados de energía, son lugares mágicos en los que la naturaleza pone en marcha todo su poder. Los lugares altos también ofrecen una fuerza especial, siempre se ha considerado la cima de las montañas como lugares sagrados.

Veamos a continuación en qué consiste la meditación en el interior de un espeso bosque:

* Buscaremos un lugar en el bosque alejado de cualquier camino y rodeado por espesos arbustos para que ningún sonido lejano nos pueda distraer. Un lugar con grandes árboles; si son centenarios, mejor aún.
* Una vez encontrado, buscaremos un lugar cómodo donde poder sentarnos en la postura del loto y nos orientaremos de cara al este, concretamente, hacia el sudeste.
* Cerraremos los ojos y respiraremos para absorber los olores que nos envuelven, la esencia de la naturaleza, la humedad del musgo.
* Escucharemos los sonidos de la naturaleza que nos rodea, el viento entre las ramas, agitando suavemente las hojas, los zumbidos casi imperceptibles de los insectos…, y prestaremos atención para sentir en nuestra piel la brisa, el frío o el calor del lugar.
* Empezaremos a respirar profundamente, llenándonos del aire del lugar, sintiendo en nuestro interior que la naturaleza penetra, que sus moléculas forman parte de nuestras moléculas.

* Durante esa acción de respirar sentiremos la fuerza de los árboles que nos rodean, la energía del lugar, la vibración de la naturaleza. Notaremos cómo toda esa vibración llega a nosotros y cómo nuestra vibración alcanza a todo lo que nos rodea. Nos uniremos a toda esa vida que hay a nuestro alrededor formando una unidad.
* A través de la respiración sentiremos cómo nos fortalecemos y cómo aquel lugar del bosque comparte con nosotros la magia y la fuerza de su vida.
* Estaremos rodeados de una vida que nos ofrece sus vibraciones, sus moléculas, y que comparte el instante con nosotros.
* Sentiremos su fuerza en nuestra piel, en nuestras sienes. Por un momento, seremos parte del bosque y el bosque estará siendo parte de nosotros.
* Deberemos disfrutar de ese momento único, sin dejar que ningún pensamiento nos distraiga; sólo estaremos el bosque y nosotros, en un eterno aquí y ahora. Será como si el resto del mundo no existiera como si no hubiera nada que pudiera superar ese instante supremo de comunión con la naturaleza.
* Al terminar la experiencia, daremos gracias a los árboles del lugar por habernos dejado disfrutar de su silencio y de su poder mágico.

Es un momento único, irrepetible, pero mejorable. Es una experiencia que podremos repetir tantas veces como queramos y necesitemos para purificarnos del estrés cotidiano, del bullicio y de los problemas banales que nos apartan de la naturaleza. La práctica de este tipo de experiencias en el bosque será cada vez más vivificadora y profunda. Y se convertirán en una especie de limpieza de nuestro cuerpo y de nuestro espíritu.

Meditando con las olas del mar

Una de las meditaciones con más poder integrador es la que se realiza junto a la orilla del mar. Podemos llevarla a cabo en cualquier época del año y a cualquier hora del día o de la noche; sólo necesitaremos una playa en la que podamos estar relativamente tranquilos.

> «Mi consejo es ser conscientes de nuestra respiración, sentir el aire entrando y saliendo del cuerpo.»
>
> Eckhart Tolle

En esta meditación, la respiración tiene un papel fundamental, ya que será el vínculo de unión con el mar. Veamos en qué consiste exactamente:

* Nos sentaremos en la postura del loto frente a la orilla del mar.
* Sentiremos la brisa que se mueve a nuestro alrededor, la humedad de la arena, los rayos del sol sobre nosotros —si efectuamos la meditación durante el día; si, por el contrario, la realizamos durante la noche, también podremos percibir el resplandor lunar y los millones de estrellas que flotan en lo alto de un cielo despejado—, y el olor a yodo del mar, y contemplaremos cómo llegan las olas para romper en la orilla y cómo se marchan después en una incesante resaca.
* Cerraremos los ojos y respiraremos suavemente, tomando aire por la nariz y expulsándolo por la boca.
* Progresivamente, acompasaremos nuestra respiración con el oleaje. Es decir, tomaremos aire cuando se acerque la ola y lo soltaremos cuando la ola se aleje.
* Seguiremos el ritmo del oleaje con nuestra respiración, sintiéndonos completamente identificados con las olas que vienen y van. Recordaremos que un setenta y cinco por ciento de nuestro cuerpo también es agua, y trataremos de percibir cómo esa agua vibra al mismo ritmo que las olas del mar y recupera en ese instante el recuerdo de su origen primigenio.
* Poco a poco iremos teniendo la sensación de convertirnos en olas. Estaremos junto al mar y seremos el mismo mar. Imaginaremos que somos la

cresta de una ola que viene, rompe y se retira. Todo ello lo pensaremos manteniendo la respiración al ritmo del oleaje.
* Seremos olas, formaremos parte del mar, llegaremos y nos iremos en un oleaje continuo. Ya no estaremos sentados a la orilla del mar sino que seremos ese mar del que salimos hace millones de años.
* Seremos la cresta de la ola que rompe en espuma y avanza por la arena de la playa para retirarse murmurando y convertirse nuevamente en ola para volver a comenzar.
* Deberemos sentirnos agua, moléculas de agua, espuma y energía en movimiento. Deberemos sentirnos mojados y turbados por los rizos de las olas antes de romper. Deberemos integrarnos en ese mar fuente de vida que fue nuestra morada primera.
* Lentamente, regresaremos a la orilla, volveremos a ser nosotros; respirando, sintiendo los rayos del sol o el resplandor lunar, oliendo el yodo del agua y recuperando nuestro cuerpo que ha viajado con las olas y se ha integrado en el mar.
* Abriremos los ojos contemplando el oleaje mientras, sin prisa alguna, estiramos nuestros brazos y nuestras piernas, y tensamos todo nuestro cuerpo.
* Antes de levantarnos e irnos, daremos gracias al mar por habernos permitido compartir con él la experiencia de cabalgar sobre sus olas, de haber sido olas, de habernos sentido mar.

Meditando para conquistar nuestro espacio interior

No quiero terminar este capítulo sin incluir un par de meditaciones para que el lector pueda practicar cada día en su casa. Estas meditaciones tienen como objetivo de desarrollar y hacer evolucionar nuestro cerebro.

«Aunque el lugar de meditación sea exiguo, contiene el universo. Aunque nuestro espíritu sea ínfimo, contiene lo ilimitado.»

Sekito Kisen (maestro zen)

Esta primera meditación es un resumen y una adaptación de un trabajo presentado por John Rowan[9], y ofrece la posibilidad de explorarse interiormente, potenciar la imaginación y desarrollar un sentido claro de los espacios interiores y exteriores de nuestro ser. Este ejercicio de meditación debe llevarse a cabo entre dos personas, una que lo práctica y otra que va guiando tranquilamente al meditador. Debe realizarse sin prisa y con pausas entre un punto y otro, para que el meditador pueda llevar a término todo el proceso. Es una actividad importante, ya que pone en marcha muchos mecanismos ocultos de nuestro cuerpo y nos aporta curiosos descubrimientos.

[9] *Lo transpersonal*. Ediciones La Liebre de Marzo, Barcelona, 1996.

El ejercicio se realiza en postura de meditación, con los ojos cerrados y en una habitación en penumbra y silenciosa.

- Visualizaremos mentalmente el espacio que hay entre los ojos.
- Visualizaremos el espacio que hay entre los oídos.
- Visualizaremos el espacio que hay en el interior de nuestra garganta.
- Visualizaremos el espacio que hay entre los hombros.
- Visualizaremos el espacio interno que hay en nuestra vejiga.
- Visualizaremos el espacio que separa los riñones.
- Visualizaremos el espacio interior que hay en nuestro estómago.
- Visualizaremos el espacio que hay en el interior del pecho.
- Visualizaremos el espacio que hay en el interior del cuello.
- Visualizaremos el espacio interno de nuestros pulmones.
- Visualizaremos el espacio interno de los intestinos.
- Visualizaremos, mientras inspiramos y espiramos, el espacio interior de los bronquios.
- Visualizaremos la totalidad de nuestro cuerpo, de la barbilla para abajo; todo está lleno de espacio.
- Visualizaremos, mientras inspiramos y espiramos, el espacio que hay en el interior de las fosas nasales.
- A continuación, visualizaremos el espacio que hay entre los dedos de las manos y los dedos de los pies.
- Visualizaremos el espacio exterior que hay detrás del cuello y de la espalda.
- Visualizaremos el espacio que hay encima de la cabeza y debajo de donde estamos sentados.
- Visualizaremos el espacio que tenemos a los lados y delante de nosotros.
- Visualizaremos cómo esos espacios externos e internos se unen y se convierten en un espacio continuo. Un espacio largo, ancho y alto.
- Prestaremos atención a los sonidos que se produzcan en torno a ese espacio, ya vengan de lejos o de cerca (el crepitar de una vela, el ladrido de un perro, un mueble que cruja, etc.).
- Percibiremos los espacios interiores y los exteriores junto con todas las demás sensaciones que nos lleguen.

- Prestaremos también atención a las sensaciones interiores, las emociones que sintamos como consecuencia de esta unificación de espacios y de percepciones impregnadas de ellos.
- Intentaremos captar aromas, sabores que acudan a nuestra boca. Trataremos de visualizar todo el espacio que nos rodea y de sentir, a través de ese espacio, todo tipo de sensaciones. Interior y exterior están conectados, forman una unidad.
- Visualizaremos que todo ese espacio está impregnado de nuestra experiencia, que es continua y se intensifica constantemente. Trataremos de mantenernos en ese estado el mayor tiempo posible, en silencio, saboreando las sensaciones.

Intentaremos mantener las sensaciones alcanzadas el mayor tiempo posible, hasta que voluntariamente queramos retornar al punto de origen, momento en el que abriremos los ojos. Después de vivir esta experiencia, sabremos que tenemos unos espacios interiores que forman grandes vacíos y que estamos rodeados de otros espacios que se adhieren a nosotros..., y que la piel no es una frontera. Así lo manifiesta, por ejemplo, el doctor en física Geoffrey Chew[10], quien opina que, en realidad, nadie puede saber con precisión dónde acaba una persona y dónde empieza otra.

> «Si un hombre conquista en la batalla mil veces a mil hombres y otro se conquista a sí mismo, este es el más grande entre los conquistadores.»
>
> **Proverbio budista**

Hemos explorado nuestro cuerpo, vamos ahora a explorar nuestro cerebro. El ejercicio que realizaremos a continuación es sencillo y también nos aporta-

---

[10] Según su teoría, la naturaleza no puede ser reducida a entidades fundamentales, como bloques de materia, sino que debe entenderse plenamente a través de la autoconciencia.

rá experiencias y sensaciones mucho más que interesantes. Combinaremos una técnica de atención y respiración, y, como en el ejercicio anterior, será necesario que alguien nos guíe. Lo realizaremos en postura de meditación, con los ojos cerrados.

* Iniciaremos el ejercicio respirando y relajándonos físicamente.
* Empezaremos por centrar nuestra atención en el hemisferio izquierdo del cerebro, olvidándonos del derecho. (Un truco para conseguirlo es, manteniendo cerrados los ojos, dirigir la mirada hacia el hemisferio izquierdo.)
* Respiraremos y dirigiremos la respiración hacia el hemisferio izquierdo en el que estamos concentrados. La mantendremos así durante cinco o seis espiraciones, hasta sentirla en ese punto, y realizaremos lo mismo en los casos siguientes.
* A continuación, haremos lo mismo con el hemisferio derecho, dirigiendo la respiración hacia ese lado del cerebro.
* Seguidamente, dirigiremos la respiración hacia la parte posterior del cerebro.
* Apreciaremos las diferentes sensaciones que nos produce dirigir la respiración hacia cada una de las anteriores partes del cerebro. Después, y sin perder la concentración, dirigiremos la respiración hacia la base del cerebro, manteniéndola así otras cinco o seis espiraciones. A continuación la dirigiremos hacia el centro del cerebro, y, finalmente, hacia la parte superior del cerebro, manteniéndola en cada una de estas posiciones idéntico número de espiraciones.
* Una de las sensaciones que pueden percibirse al dirigir la respiración hacia los puntos concretos citados es que el cráneo se alarga en la dirección hacia la que se respira.
* Seguidamente, respiraremos hacia la coronilla. (La sensación de alargamiento del cráneo es más perceptible en este punto.)
* A continuación, daremos otro paso adelante, ya que combinaremos más tipos de respiraciones: primero, respirando solo con el orificio izquierdo de la nariz, tapando el derecho con el dedo, hacia el hemisferio derecho del cerebro; en segundo lugar, realizaremos lo mismo con el otro orificio

nasal. (Otra de las sensaciones que podemos percibir es una serie de palpitaciones en el cerebro.)
* Seguidamente, dejaremos de respirar hacia el cerebro y nos limitaremos a observar lo que ocurre, sin dejar de mantener la concentración y la atención focalizadas en el cerebro. (Veremos cómo tenemos sensaciones claras del interior y el exterior del cerebro.)
* Si dejamos de centrar la atención en el cerebro durante unos instantes, sin hacer ni experimentar nada, tendremos la sensación de que el cerebro flota apaciblemente. Mantendremos esta sensación durante diez o veinte segundos.
* En esta fase, utilizaremos los ojos para explorar el cerebro. Como si tuviéramos una visión interior. Empezaremos levantando la vista hacia el hemisferio izquierdo y dejaremos que los ojos se posen en él. Observaremos sus circunvalaciones, sus neuronas (con sus correspondientes extensiones), etc.
* Haremos lo mismo con el hemisferio derecho, y, después, observaremos tranquilamente todo el cerebro. Esta última observación, la realizaremos describiendo un círculo en torno al cerebro, en el sentido contrario a las agujas del reloj. Lo haremos muy lentamente partiendo del centro de la parte frontal y regresando finalmente a ella.
* Volveremos a realizar este recorrido más rápidamente, y después volveremos a repetirlo nuevamente, cada vez más deprisa, así durante varios segundos. En un momento dado nos detendremos de golpe. (La sensación serás la misma que la de dar un frenazo en seco con el coche.)
* Terminaremos volviendo a dirigir la mirada hacia el frente y descansaremos mientras respiramos profundamente, apreciando cómo la respiración desciende hacia los pulmones.

Las sensaciones experimentadas durante la realización de este ejercicio aportan una mayor capacidad de dominio mental, así como una mayor conexión con ese órgano que constantemente utilizamos sin reparar mucho en ello y que tenemos siempre con nosotros, inseparablemente, en lo alto de la espina dorsal.

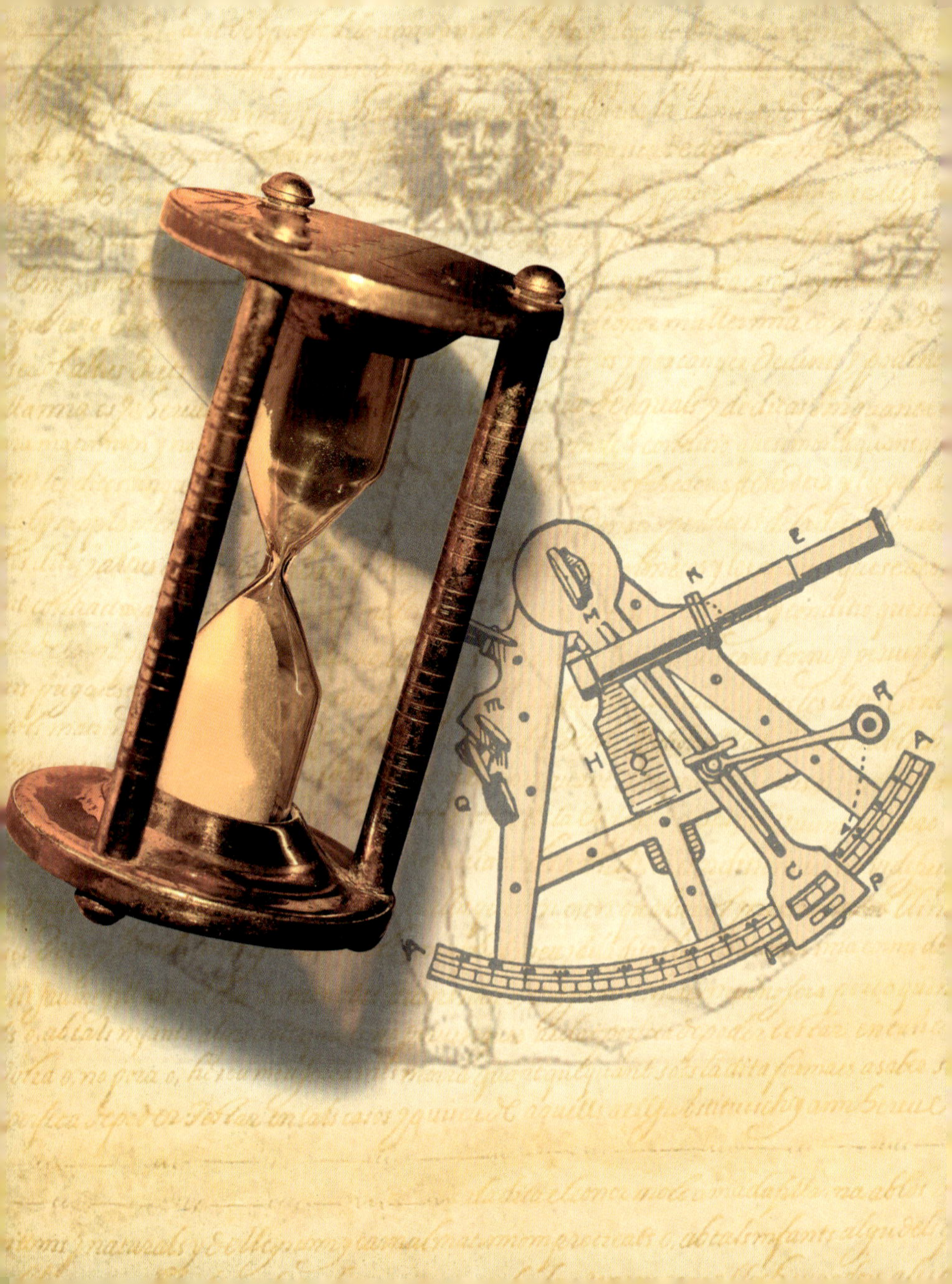

10.
¿Dónde está la felicidad?

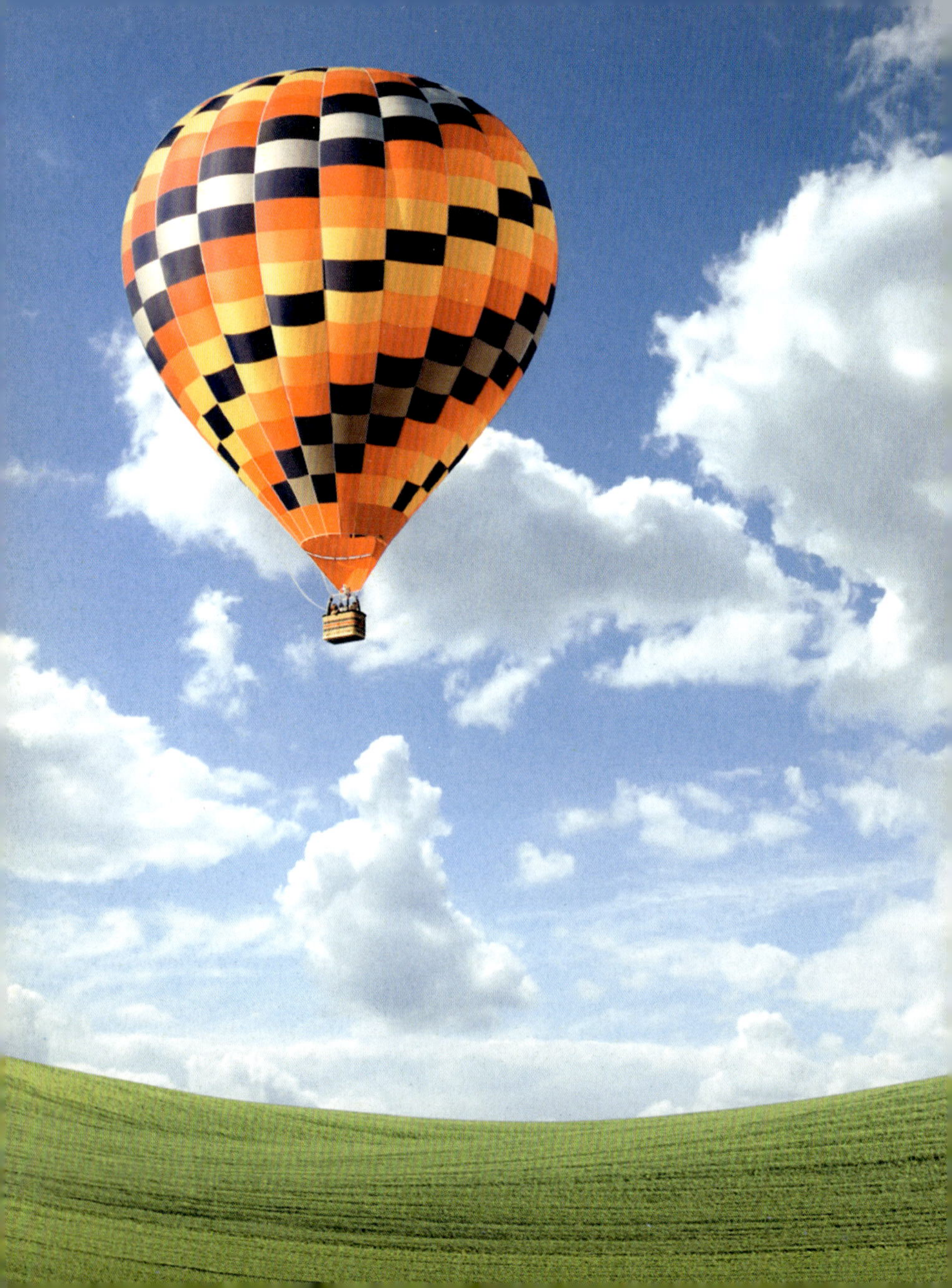

¿Existe la felicidad?

La existencia de la felicidad siempre ha sido algo difícil de probar y/o cuantificar. En realidad, han sido muchos los pensadores que han negado la existencia de este estado de satisfacción y alegría que atraviesan, o creen atravesar, algunos seres humanos. Filósofos como Emil Michel Cioran parecen haber negado este estado de ánimo, por el hecho de que todo lo que nos rodea está repleto de drama, tragedia y desdicha.

Los neurocientíficos, en cambio, manifiestan haber comprobado la existencia de la felicidad en forma de ondas cerebrales. La realidad es que cuando somos felices hay partes de nuestro cerebro que se iluminan.

«La felicidad se hace, no se halla. Brota del interior, no viene de fuera.»

Thomas Hardy (novelista y poeta inglés)

Todos los psicólogos transpersonales y positivistas nos recuerdan que la felicidad no viene de fuera, sino que brota en nuestro interior cuando estamos en paz con nosotros mismos, cuando nos acercamos al conocimiento, cuando estamos libres de odio, envidia, sentimiento de culpabilidad u otros conflictos interiores. Perseguir la felicidad puede ser una pretensión vana, ya que hay muchas cosas que antes nos hacían felices y que ahora, en cambio, nos resultan indiferentes. Eckhart Tolle, al tratar este tema, pone el ejemplo de aquellas personas que tuvieron una boda y una luna de miel muy felices, pero que acabaron convirtiéndose después en un doloroso divorcio o en una convivencia difícil e infeliz.

«La misma situación que antes te hacía feliz, ahora te hace desgraciado.»

Eckhart Tolle

Pensamos que determinados factores o circunstancias nos van a hacer felices. Creemos que poseyendo mucho dinero o triunfando socialmente alcanzaremos la felicidad, sin darnos cuenta de que se trataría de una felicidad efímera, falsa. En ocasiones, descubrimos de pronto que tenemos todo aquello que habíamos deseado y apreciamos que no nos llena totalmente, que no produce una felicidad interior, sino que, más bien, nos está provocando más infelicidad, porque, además, tememos perder todo eso que hemos alcanzado, o porque intuimos que cualquier día dejaremos de estar en la cresta de la ola y de ser famosos.

Hoy sabemos que el poder, la fortuna y la fama no dan la felicidad. Hemos visto cómo estos valores efímeros no han logrado hacer felices a cantantes, artistas o políticos. Un día descubrimos que aquel personaje al que idolatrábamos y envidiábamos por su jovialidad o su aspecto sonriente ha acabado suicidándose o arruinando su vida con el alcohol o las drogas. Descubrimos con asombro e ingenuidad que aquel personaje era en realidad tremendamente infeliz, que tenía una vida desdichada pese a estar en la cumbre del éxito. Esto pasó con artistas como Marilyn Monroe, que terminó suicidándose. O aquel cómico que tanto nos hizo reír, Peter Sellers, cuya vida fue terriblemente desgraciada.

Otras veces es la enfermedad o un accidente lo que fulmina una vida que nos parece feliz; esto nos hace recordar las palabras del chamán Igjugârjuk a Knud Rasmussen en 1930, cuando le explico: «... creemos que todo mal huye de los lugares donde la gente es feliz». No cabe duda de que el odio, el estrés, la envidia y los conflictos internos de cada uno son causa de muchas enfermedades. El mal aparece cuando la gente no es feliz, cuando el comportamiento interior se convierte en un detonante para provocar en nuestro cuerpo infartos, enfermedades estomacales, bilis, etc.

La fama es un regalo envenenado que puede acarrear nefastas consecuencias. Es una situación que nos aleja de la realidad, pues produce en nuestra mente un mundo ilusorio que está muy lejos del aquí y ahora. En realidad, la fama, en cualquier profesión en la que la consigamos, no es nunca positiva, sino más bien al contrario. La fama engorda el ego día tras día y se convierte en una bola de nieve que cada día es más y más grande, y que se desliza hacia un final irremediablemente fatal. Acaba convirtiéndose en una droga muy difícil de controlar. Cuanto mayor es la fama, mayor es el desengaño posterior.

La felicidad no reside en tener más, sino es ser más, en conocernos a nosotros mismos e incrementar nuestro conocimiento acerca del mundo que nos rodea.

«No es culpa del hombre si cree que la solución a esta profunda insatisfacción está en la vida sensual, en el éxito comercial y social, o en una vida llena de experiencias excitantes. Tampoco es culpa suya si la vida no es lo suficientemente larga como para llegar a saber que incluso su decepción sería mayor si estas metas se cumplieran hasta el final.»

Meher Baba, *Listen, Humanity*

La felicidad brota de nuestro interior, pero precisa un estado positivo en nosotros, un deseo de valorar más determinados factores no materiales y de huir de la negatividad.

La felicidad es efímera y el dinero un falso placebo

La felicidad es un bienestar subjetivo, un sentimiento de satisfacción independiente de los factores materiales. Todos los filósofos y pensadores han advertido de que el dinero no da la felicidad. En realidad aquellas personas que ganan mucho dinero viven con mayor tensión, ya que temen perder aquellos bienes de los que creen que emana su relativa felicidad. La riqueza es una satisfacción transitoria, tras él siempre está el miedo a la enfermedad, de la que no escapan ni los más ricos, el sufrimiento o la muerte.

Son muchas las personas que viven con agendas de trabajo muy apretadas. Esta actividad incesante les hace sentir una falsa felicidad. En estas circunstancias, el ser humano no tiene tiempo de pensar en sí mismo, sobre su verdadero ser, su yo interior. Pero tarde o temprano tendrá que enfrentarse a la realidad y encontrarse consigo mismo, con su verdadero ser.

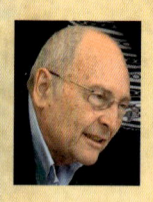

> «Cuando acaricias un fósil, un trilobites, eres consciente de que la felicidad es efímera, finita; de que depende de la intensidad con la que disfrutes las cosas.»
>
> **Eduard Punset (escritor y divulgador científico)**

El dinero sólo incrementa la sensación de poder. Da la impresión de que es el mayor de los bienes que puede desear el ser humano, pero al final de la vida uno se da cuenta de que sólo es un bien transitorio, y que la verdadera felicidad reside en otros factores, entre ellos, el conocimiento interior y exterior.

¿Qué produce felicidad? No precisamente el dinero. A veces, un trabajo creativo, interesante, con un buen ambiente laboral, produce felicidad en la vida cotidiana. En otras ocasiones, son unas amistades con las que poder hablar de temas interesantes, que despierten inquietudes en nuestro cerebro, las que ayudan a producir en nosotros ese sentimiento de satisfacción.

Las personas que han sobrevivido a graves accidentes o enfermedades acostumbran a ser felices, pues valoran mucho más la importancia que tiene la vida y saben escoger ambientes que les producen verdadera satisfacción. La gente feliz no es egoísta, sino mucho más altruista. Viven en paz y duermen tranquilamente, y en sus trabajos suelen ser los más creativos.

Liberándose de la infelicidad

Para ser felices de verdad, precisamos cambiar nuestros valores y aceptar que los bienes y las metas materiales no nos ayudarán a conseguirlo. Ser felices significa mantener el contacto amistades que apreciamos, poseer una libertad interior, ser compasivos con los demás, vivir de acuerdo con nuestras ideas, acrecentar día a día nuestros conocimientos sobre la vida, el mundo y el universo, tener humildad, y renunciar al odio, la ira, el orgullo y la envidia. Si no se cumplen estos objetivos, la felicidad no puede alcanzarse. Por lo tanto, si aún no hemos entrado en esta dinámica, precisamos un cambio, un cambio que es fácil lograr si se pone voluntad.

> «La gente es infeliz porque se niega a cambiar, desean que todo siga igual. El cambio lo ven, instintivamente, como algo malo.»
>
> **Eduard Punset**

Los psicólogos y los neurocientíficos afirman que se puede cambiar, que nuestro cerebro, a la edad que sea, tiene capacidad para cambiar. Como defienden algunas teorías psicológicas, se puede, incluso, aprender a ser feliz, sólo es cuestión de método, y de no tener miedo al cambio.

Hoy sabemos que el cerebro es modificable, que podemos producir tejidos neuronales e incrementar las conexiones cerebrales. También sabemos que existen zonas determinadas que se activan con la meditación y con actitudes al-

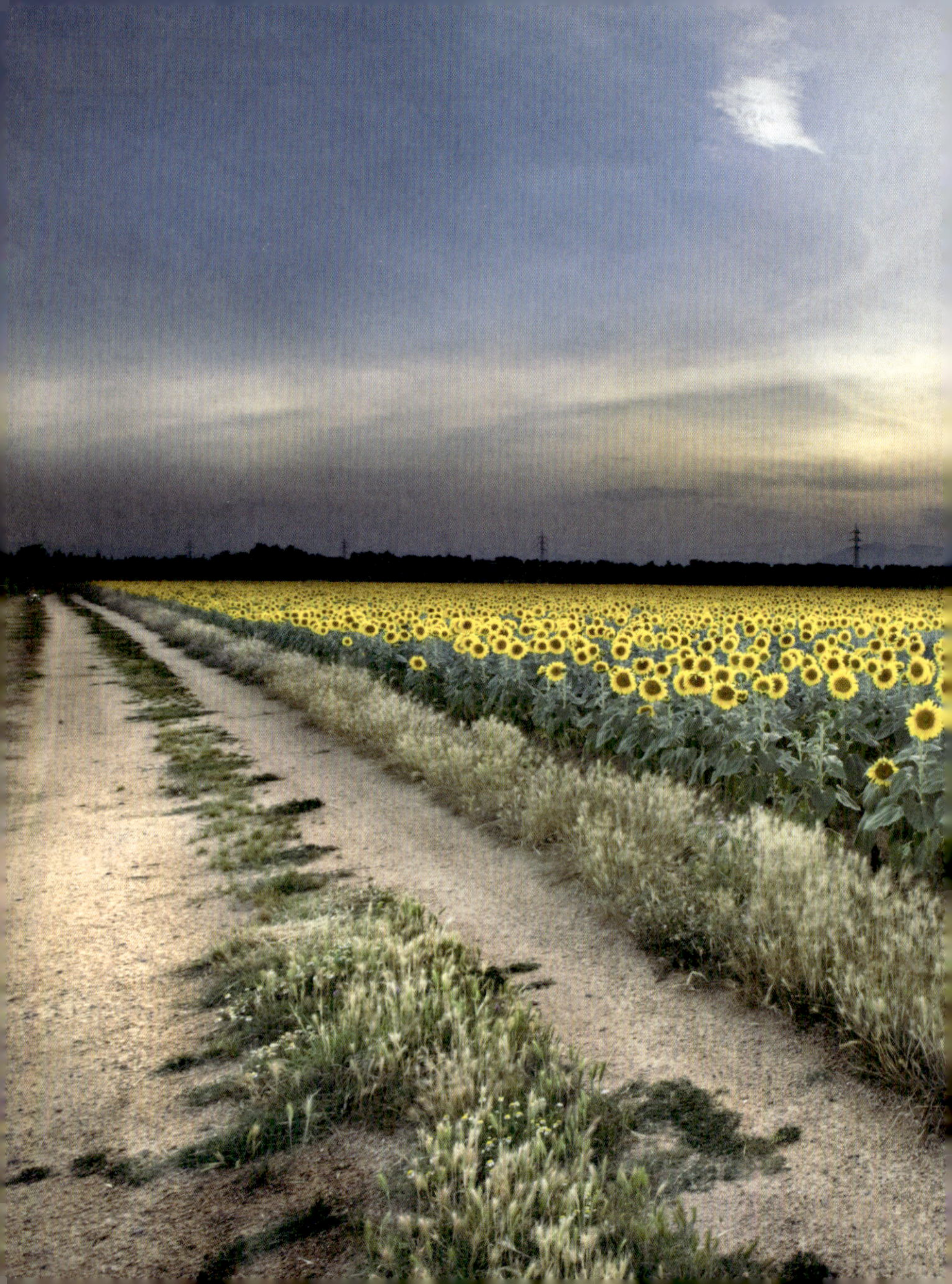

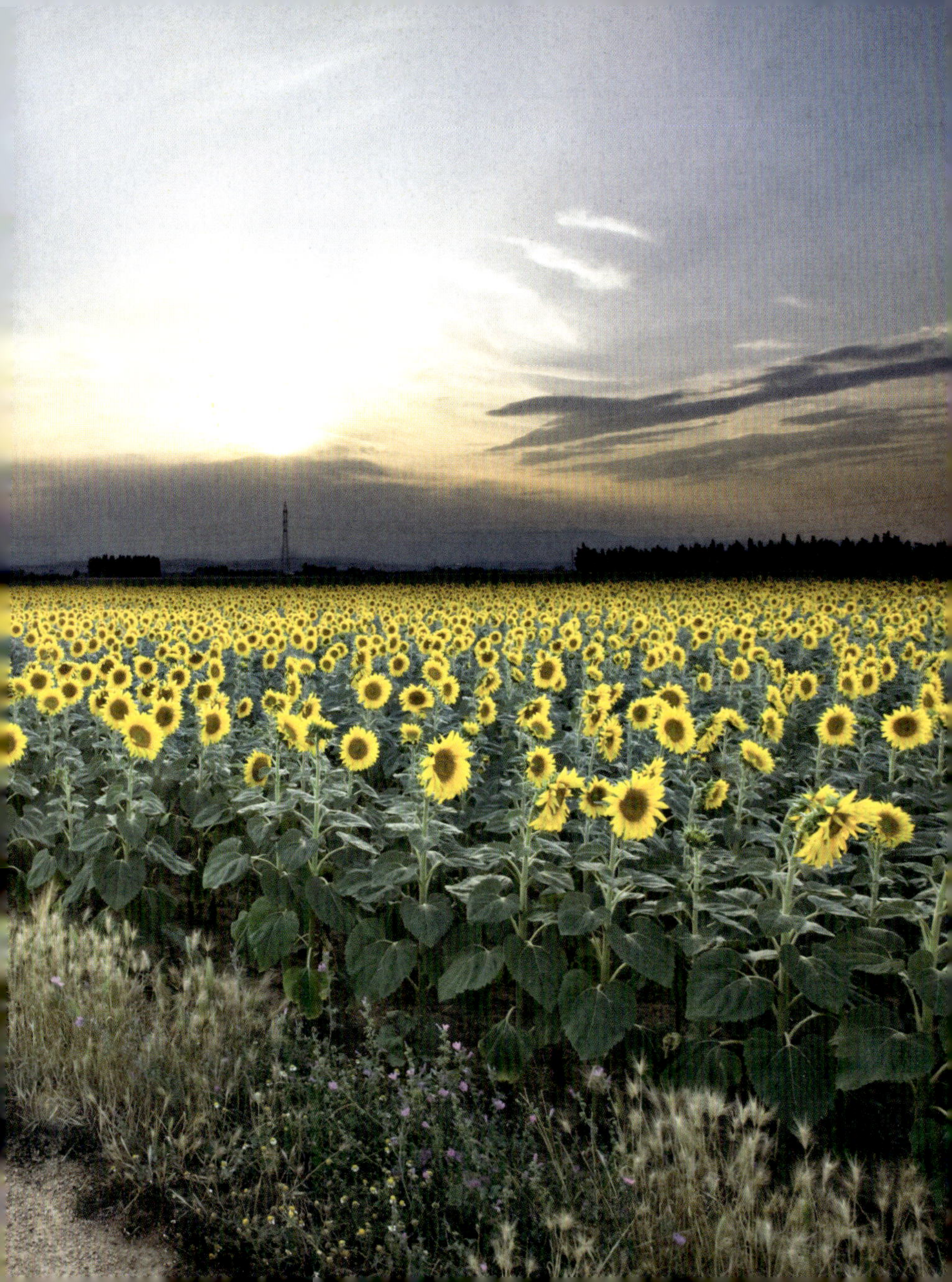

truistas, con la alegría o con la compasión. Por lo tanto, podemos aprender a ser felices, podemos transformar nuestra mente; estos son los caminos que nos llevan a la felicidad.

La infelicidad es producto de nuestra envidia, de los rencores, de las actitudes egoístas, de los falsos valores sociales, de la negatividad, de los presuntos fracasos... Toda una serie de factores que nos hacen sufrir y que crean conflictos en nuestro interior.

Especialmente, la negatividad es fuente de toda infelicidad. Una actitud negativa atrae cosas negativas. Para ser feliz hay que ser positivo, hay que comprender que todo tiene una parte positiva y que la negatividad sólo está, en muchos casos, en nuestra actitud mental. La medicina holística sabe que las actitudes positivas de los enfermos facilitan la curación, mientras que los estados negativos agravan la enfermedad.

Debemos cultivar nuestra mente desde nuestra mente. Podemos evitar los ambientes negativos y alejarnos de las amistades que son infelices... Esa es una actitud de cara al exterior, pero con ella no lograremos la felicidad si no transformamos nuestra mente.

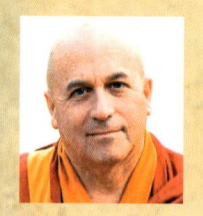

«Lo que determina nuestra experiencia en la mente, y la mente misma, pueden transformarse. La mente puede cultivarse para dejar de ser una fuente de sufrimiento.»

Matthieu Ricard (monje budista, autor de *En defensa de la felicidad*)

Para transformar nuestra entendimiento, tenemos que tener conciencia de nosotros mismos, dominar nuestras emociones, enfrentarnos al ego destructor, conocernos en profundidad..., toda una serie de aspectos que hemos venido explicando a lo largo de las páginas de este libro. Pero, además, tenemos que cultivar la mente con aspectos que la enriquezcan, con ambientes que la beneficien, compañías que le proporcionen alegría y gozo, que le aporten estados de ánimo positivos y que alejen los negativos.

La felicidad del aquí y ahora en el mundo de la meditación

La felicidad comporta también vivir el presente, huir de los recuerdos negativos y no hacerse ilusiones sobre el futuro que, en ocasiones, resultan inalcanzables. Vivir el aquí y ahora es disfrutar del mundo que nos rodea, es participar en la experiencia del presente.

> «... la felicidad y la infelicidad son, de hecho, la misma cosa. Sólo las separa la ilusión del tiempo.»
>
> **Eckhart Tolle**

El presente lo vivimos cuando meditamos profundamente, cuando convertimos el tiempo en una experiencia interior que activa todas nuestras neuronas. Mientras se está meditando, sólo se vive el presente, el eterno presente. Son instantes en los que no pensamos en nuestros conflictos, momentos en los que quedamos liberados de ellos. Unos minutos de meditación suponen instantes de auténtica libertad.

La meditación, de la que ya hemos hablado en el capítulo noveno, es uno de los caminos para el encuentro con nosotros mismos y con la felicidad. La meditación conlleva instantes de felicidad, de gozo, de bienestar. Durante la meditación nos encontramos con nosotros mismos, con nuestro verdadero yo interior, y dejamos de estar sometidos a las pasiones externas, a las emociones, al sufrimiento, al transcurso inexorable del tiempo. La meditación es una fuente de felicidad cuya base esencial es el aquí y ahora.

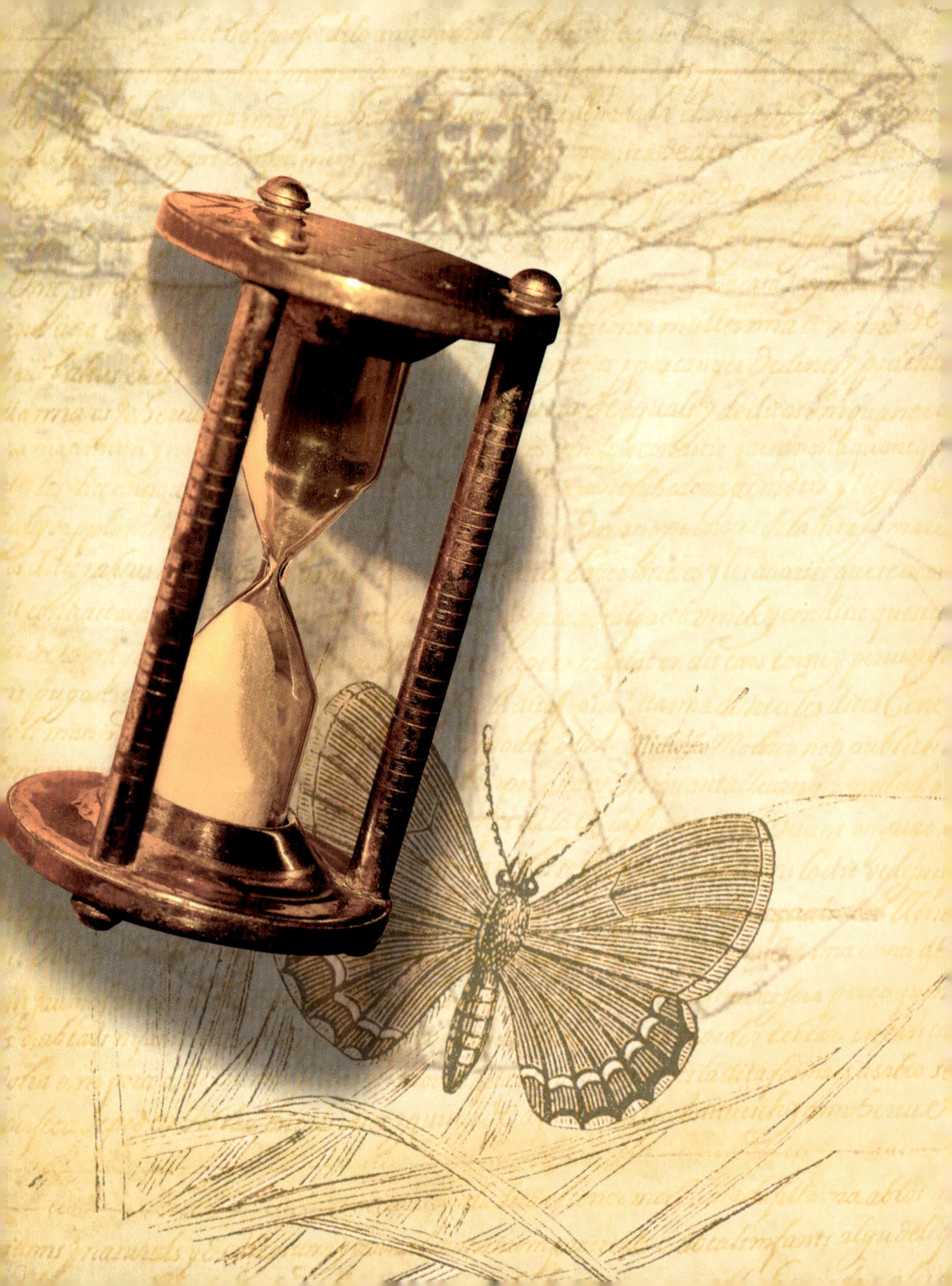

11. El poder de elegir

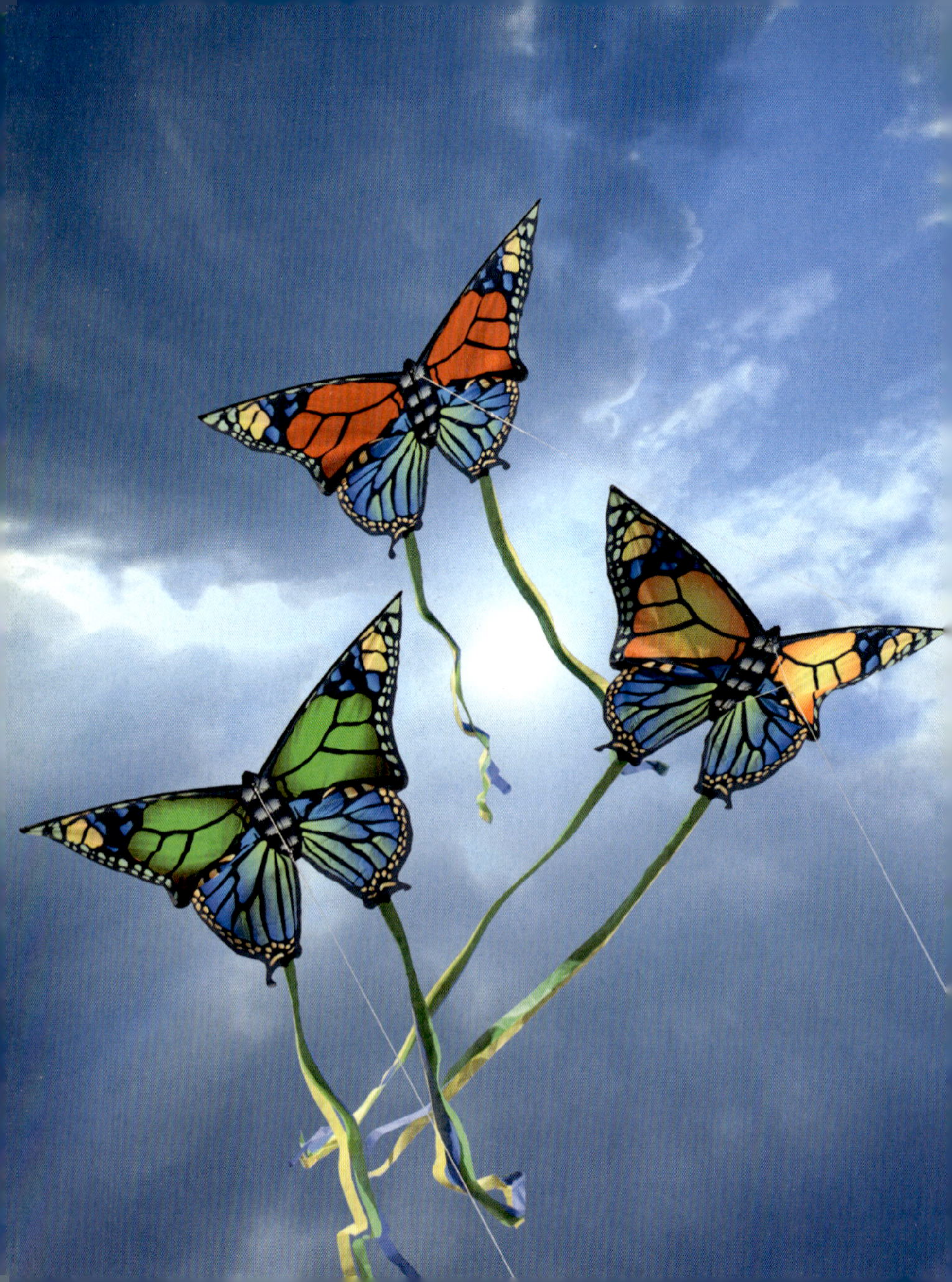

Aceptando lo que hay

La vida no siempre es como quisiéramos que fuese. En la mayor parte de las ocasiones se desea una vida distinta, una vida que envidiamos de otras personas o que hemos visto a través del cine o la televisión. Sin embargo, ese tipo de vida acostumbra a ser una ilusión que no nos proporcionaría en realidad la felicidad ni adquiriríamos los conocimientos que pueden llevarnos a un estado superior. Una simple meditación que nos transporte a un estado de bienestar absoluto es capaz de desbancar todas esas ilusiones que sólo satisfarían nuestro afán de apariencia externa.

«No ofrecer resistencia a la vida es estar en un estado de gracia, tranquilidad y ligereza; un estado que no depende de que las cosas sean de cierta manera, buenas o malas.»

Eckhart Tolle

Empezamos a aceptar la vida y el mundo en que vivimos cuando reconocemos que las cosas no son ni buenas ni malas, sino que simplemente «son». Liberarnos de esa dualidad nos lleva a emprender un cambio, y a comprender que si bien no podemos evitar los elementos perturbadores podemos transformarlos e integrarlos.

Como dicen los orientales, hay que pasar el río sin mojarse los pies, y eso significa hacer las cosas sin ser prisionero de ellas.

La naturaleza nos muestra lo que es: ni buena ni mala, sencillamente «es»; y eso significa aceptar el aquí y ahora, asumir que no hay dualidades, que hay lo que hay. Ese es el mundo que debemos integrar en nosotros, la visión del mundo a la que nos debemos adaptar.

En ocasiones, nos acecha la enfermedad, la desgracia, la desdicha..., debidas siempre a algún error que hemos cometido en el pasado. Sin embargo, vivimos en el presente, y lo que debemos hacer es evitar volver a cometer los mismos fallos en el futuro. Ahora debemos aceptarlos, pero con una actitud positiva, sin negatividad y sin pesimismo, luchando para conseguir que cualquier tiempo futuro sea mejor.

No se trata de cambiar el mundo, sino de cambiar uno mismo

Puede ocurrir que el mundo en que vivimos no nos guste, que no sea de nuestro agrado. Al mismo tiempo, comprendemos que no podemos hacer nada para cambiarlo; hasta que un día descubrimos que no se trata de cambiar el mundo, sino de cambiar nuestra forma de verlo y experimentarlo.

Si vemos el mundo como algo cruel y sin sentido, nuestra vida será cruel y sin sentido. Pero si sabemos buscar el lado positivo del mundo que nos rodea, empezaremos a ver y a experimentar la vida de otra forma. Si nosotros cambiamos interiormente, el mundo exterior empieza a cambiar; ya no veremos todo como si fuera ajeno a nosotros, porque todo forma en realidad una unidad. Lo malo es que tampoco estaremos implicados en lo que ocurra fuera de nosotros, porque estaremos luchando por nuestro cambio interior, por nuestro progreso y evolución mental. Louis Pauwels señala que para cambiar las estructuras sociales, primero había que cambiar las estructuras mentales. Si primero cambiamos nuestra forma de pensar y ver el mundo, llegaremos a ver y comprender este mundo de una forma distinta, apreciaremos aspectos que hasta ahora habían estado ocultos ante nosotros, valoraremos la vida y lo que nos rodea de una manera diferente; entonces empezaremos a ser verdaderamente libres.

> «Ser libre es estar disponible para responder a la llamada de la realidad interior.»
>
> Henry D. Thoreau (escritor, filósofo y naturalista estadounidense)

La libertad es aquel estado en el que no estamos atados a nada, no deseamos nada ni dependemos de nada. Es un estado característico del budismo puro que nos conduce hasta nuestra realidad interior. Se alcanza cuando estamos bien con nosotros mismos, cuando los bienes materiales dejan de interesarnos, porque sabemos que lo único importante es nuestro progreso interior. Será el grado de evolución y madurez que alcancemos lo que nos permita disfrutar de esa libertad.

Nuestros objetivos deben ser los mismos que persiguen los Nayamar, poetas santones devotos de Shiva. En sus oraciones manifiestan que no están sometidos a nadie, que no temen a la muerte, que no sufrirán en el infierno, ni vivirán en la ilusión; no conocen el mal, no se doblegan ante nadie, todo es felicidad para ellos.

También nuestra actitud debe ser la de no vivir en la ilusión, poner especial empeño en buscar la auténtica realidad, para evitar que todo no sea tedioso y aburrido.

En el *Discurso sobre la dignidad del hombre,* Pico della Mirandola dice que Dios le dijo a Adán: «Te he puesto en medio del mundo para que te sea más fácil ver lo que hay en él. No te he creado para hacer de ti un ente celeste ni terreno, mortal ni inmortal, sino para que, como escultor, puedas cincelar tus propios rasgos. Puedes degradarte y ser un animal, pero también puedes renacer como un ser semejante a Dios mediante la libre voluntad de tu espíritu.»

El poderoso efecto de elegir

Cuando conseguimos ver más allá de las barreras impuestas por el sistema y el entorno social, empezamos a tener la posibilidad de elegir verdaderamente lo que deseamos, y no lo que nos imponen. El mundo en que vivimos limita nuestra posibilidad de elegir, del mismo modo que limita las posibilidades de nuestra mente, confinándola a un sistema de valores confeccionados por personas que no tienen ningún interés en que despertemos de nuestro falso sueño.

«La palabra elección será un fraude mientras la gente sólo elija lo que le han enseñado a elegir.»

Idries Shah, *Reflexiones*

Vivimos eligiendo sólo lo que nos han enseñado a elegir, no nos damos cuenta de que tras el decorado en el que se nos presenta el mundo hay aspectos que no vemos. Un día se despierta nuestra sorpresa y miramos asustados cuando un decorado nuevo aparece. Pero esto no ocurriría si fuéramos conscientes de nosotros mismos y de la realidad. Y ser conscientes significa también dedicar la vida a acciones y sentimientos que merezcan la pena, a las grandes ideas, a los efectos verdaderos, a las experiencias perdurables, a la obra que ha de quedar.

Son los falsos valores los que nos esclavizan, los que nos convierten en máquinas que producen más máquinas. Los verdaderos valores se hallan en nuestro interior, en nuestra forma de utilizar la inteligencia y en nuestra manera de pensar, en el recto pensar; y no hay recto pensar sin conocimiento propio. Pero recordemos que el conocimiento propio sólo nos llegará cuando adquiramos una clara conciencia de nosotros mismos.

«La elección requiere conciencia, un elevado grado de conciencia. Sin ella, no hay elección.»

Eckhart Tolle

Si no tenemos un elevado grado de conciencia, no podremos elegir correctamente. Ya hemos señalado que las decisiones que tomemos en el presente tendrán una clara repercusión en el futuro; por tanto, es importante que la elección sea tomada conscientemente, con seguridad, reflexionando, en un estado armónico y de pleno equilibrio, y prestándole atención a nuestra intuición.

Cuando las elecciones son correctas, descubrimos el beneficioso efecto de elegir. Es una sensación que nos proporciona confianza en nosotros mismos, y que nos incita a seguir atendiendo a nuestro interior a la hora de tomar decisiones.

Huyendo de los viejos tópicos

El nuevo paradigma científico que está apareciendo, y que afecta a la psicología, a la astrofísica, a la física y a la medicina, especialmente, nos muestra que nada de lo que nos rodea es perpetuo, que estamos sujetos a cambios y que la realidad es múltiple. Las viejas ideas que, en muchos casos, aún perviven mantenían la tesis de que estábamos rodeados por un vasto universo que se expandía incesantemente. Sin embargo, la nueva cosmología y la astrofísica cuántica empiezan a defender la teoría de que existen otros universos, infinitos, y que el nuestro es sólo una burbuja más entre todos ellos. La medicina tradicional sigue agrediendo el cuerpo humano con medicamentos peligrosos e intervenciones quirúrgicas traumáticas. La nueva medicina cuántica parte de la idea de que nuestro cuerpo está formado por partículas que están regidas por nuestro cerebro, por lo que podemos autocurarnos; eso es lo que ocurre con cientos de pacientes que han experimentado los efectos de la curación instantánea.

«**Nuestro destino es labrarnos un futuro y no esperar que nos sea procurado por alguna autoridad superior.**»

Michio Kaku (*Universos paralelos*)

El ser humano es un ente maravilloso y todavía desconocido en buena parte, un ente que sólo será superado por él mismo. La nueva psicología, evolutiva y transpersonal, nos incita a contactar con nuestra conciencia, con nuestro interior, porque sabe que en nuestra conciencia existe una información que nosotros desconocemos, que existen imágenes del pasado y del futuro, del microcosmos y del macrocosmos; información de todo un mundo que ahora empezamos a descubrir a través de la física cuántica.

Nuestra obligación es integrarnos en esa búsqueda interior, acrecentar esa experiencia tan cercana al objeto de las ciencias actuales; unas disciplinas que están preparando el descubrimiento de un mundo diferente, de un nuevo paradigma. La lenta transición que vivimos ahora sólo es superficial, en realidad el cambio ya se está produciendo, es cuestión de muy poco tiempo.

La necesidad de contactar con nuestra conciencia se convierte en la prioridad actual, una prioridad que se ve entorpecida por el ritmo de la vida moderna. La tarea más urgente de la humanidad es deshacerse de sus viejos tópicos y conectar con su conciencia.

«... entramos en una post-historia o meta-historia en la que ninguna de las doctrinas filosóficas o políticas en uso se aplicará más.»

Louis Pauwels

Los viejos tópicos están cayendo en todo el mundo. No sólo los tópicos científicos, sino también los religiosos, los económicos y los políticos. Una nueva crisis nos ha sobrevenido, y, como todas las crisis sufridas, se trata de una crisis mundial. Es la crisis del ser. Como hemos señalado anteriormente, el objetivo no es tener más, sino ser más. Esta crisis es una crisis necesaria, es una crisis filosófica, fundamental, que todos los hombres y mujeres tenemos que atravesar para encontrarnos con nuestra propia conciencia.

Hasta ahora, los sistemas políticos han tenido la reprobable habilidad de hacernos creer que esa sensación de asfixia, temor e incomprensión que el mismo ser humano provoca viene de fuera, de la sociedad, del progreso, de las condiciones políticas y económicas. Con ese engaño se ha conseguido mover a los seres humanos para emprender falsas revoluciones, revoluciones que tan sólo provocarían una sociedad aún más destructiva y violenta. La realidad es que esas sensaciones asfixiantes vienen de dentro, es nuestra conciencia, que quiere emerger, contactar con nosotros, ser escuchada.

No podemos continuar ya en este estado de latencia. Nos encontramos al final de una época de cambios, durante la que hemos sido seres humanos aislados, egoístas, combativos, ignorantes. Pero desde hace varios cientos de años algo en nuestro interior emerge y evoluciona. Sin comprender exactamente la fuerza de «ese algo», vemos que nos empuja hacia la búsqueda interior, con la finalidad de crear seres más solidarios, más comunicativos, menos egoístas.

John R. Platt en su libro *The Step to Man,* comenta: «La perspectiva es tremenda, casi nadie, excepto quizá los soñadores del tipo H. G. Wells o Teilhard de Chardin, han visto el alcance enorme, la unidad y el futuro de esa perspectiva, con la reestructuración consiguiente. El salto es del orden del *quantum*. Es un nuevo estado de la materia. Y el acto de salvarnos, si llega, debe realizarse con éxito para hacernos partícipes del acontecimiento más increíble de la evolución: el paso hacia el hombre completo.»

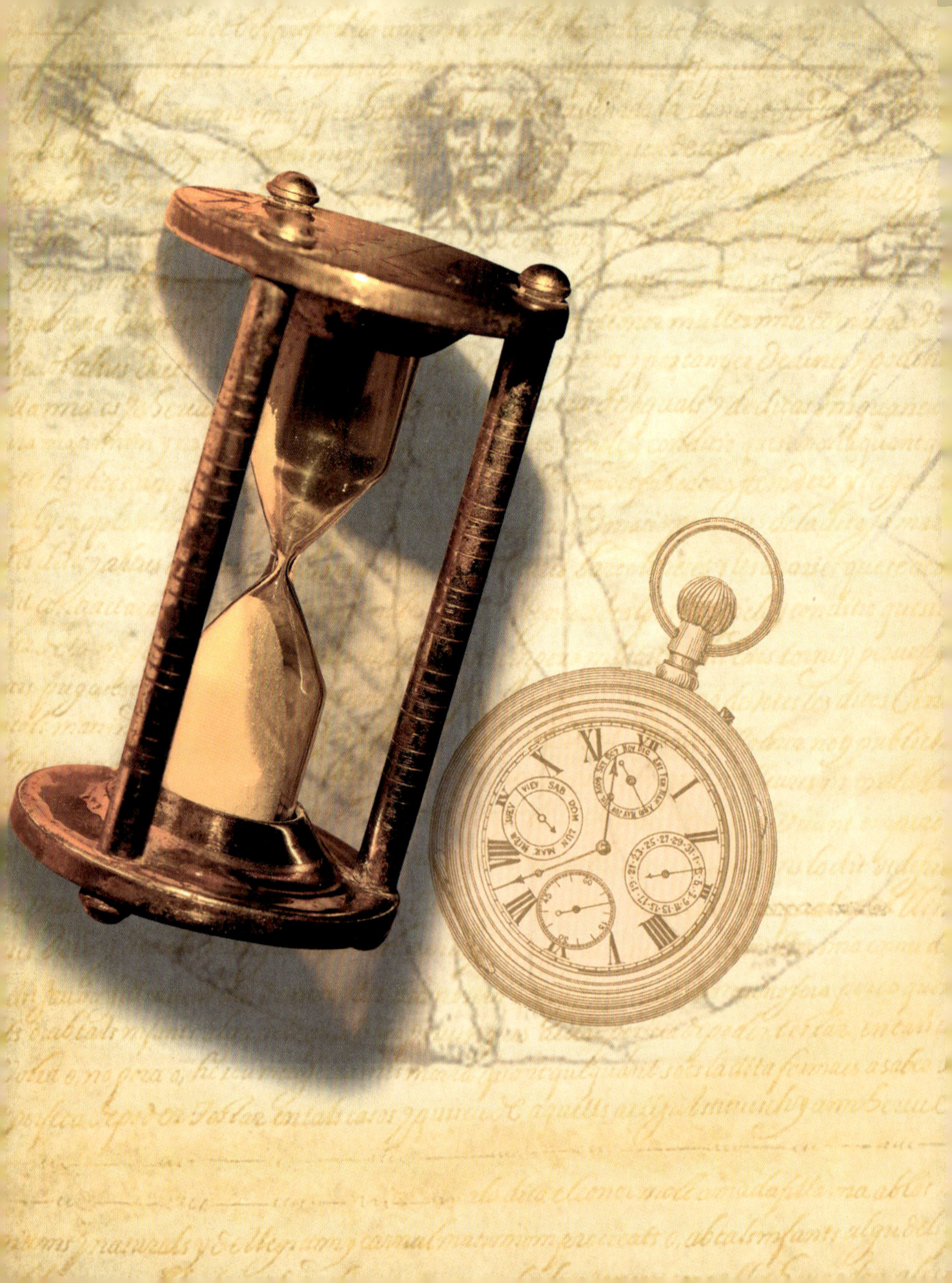

12. Despertar del sueño

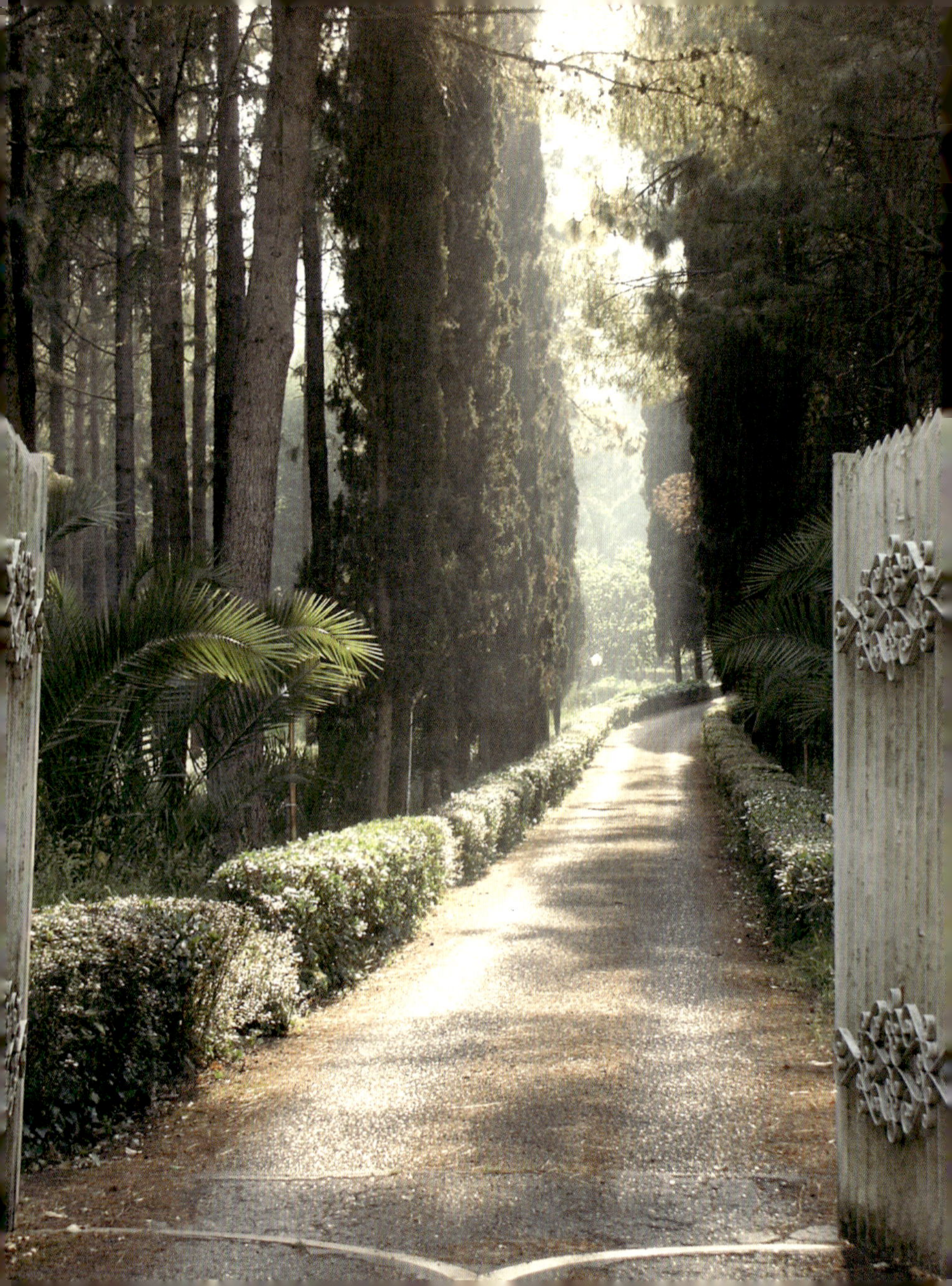

Estamos dormidos, como dijo Gurdjieff

George Ivanovich Gurdjieff fue un maestro armenio que creó en Fontainebleau-Avon una escuela llamada el Cuarto Camino. Sus enseñanzas provenían con toda seguridad de la tradición sufí y, posiblemente, contenían también algunos retazos budistas y de otras tradiciones orientales. Hoy, la mayor parte de las teorías sobre el Cuarto Camino están desfasadas, especialmente aquellas referentes a las divisiones de la mente humana, superadas por los estudios actuales de psicología y neurofisiología. Sin embargo, algunas de sus conclusiones continúan vigentes, en concreto, aquellas que hacían hincapié en que los seres humanos actuamos como máquinas y en que pasamos buena parte de nuestras vidas «dormidos», ajenos a la realidad.

«La humanidad está dormida, ocupada sólo en lo inútil, viviendo en un mundo equivocado.»

Sanai de Afganistán, *El cercado jardín de la verdad*

Sólo a título informativo, para aquellos lectores que los desconozcan, citaré los cuatro caminos que destacó Gurdjieff en sus postulados.

El primer camino tiene como símbolo la figura del faquir, que es amo de su cuerpo, pero no de sus emociones ni de sus pensamientos. A lo largo de este libro hemos insistido mucho en lo importante que resulta controlar nuestras emociones y saber reconocer las ajenas.

El segundo camino está representado por el monje, que es amo de sus emociones, pero no de su cuerpo ni de su pensamiento. El monje representaba para Gurdjieff la fidelidad de la devoción.

El tercer camino es el del yogui, que es amo de sus pensamientos, quizá también de su cuerpo, pero no de sus emociones.

Finalmente, tenemos el cuarto camino, base de las enseñanzas de Gurdjieff. Está fundamentado en el desarrollo espiritual y se combina con los otros tres caminos para alcanzar la armonía. Este camino tiene como objetivo el despertar de los seres humanos, para que dejen de comportarse como máquinas.

El término "despertar" implica la aceptación del concepto de "estar dormidos", no somos conscientes de nosotros mismos ni de nuestros actos durante la mayor parte de nuestras vidas.

«Uno de los mejores medios para despertar el deseo de trabajar en nosotros mismos es darnos cuenta de que podemos morir en cualquier momento.»

G. Ivanovich Gurdjieff (fundador de la escuela Cuarto Camino)

Gurdjieff señalaba que, según el Evangelio, cuando Jesucristo estaba en el huerto de Getsemaní, reprendió a los apóstoles porque se habían dormido. Pero, en su opinión, estas palabras no habían sido bien interpretadas, ya que no se trataba de una situación real, sino que lo que les recriminaba era el estar dormidos en estado de vigilia; es decir, de vivir como autómatas, sin conciencia de su propio ser. De ser así, el pasaje tendría un mensaje mucho más profundo, ya que se trataría de una acusación dirigida a cada uno de nosotros. Los traductores habrían hecho una traducción literal de la palabra "dormidos" y no se percataron de que se hacía referencia a lo más profundo de nuestras conciencias.

Para Gurdjieff, el término "despertar" es darse cuenta de la mecanicidad absoluta en que vivimos. Es ver cómo transcurre la vida sin ser conscientes de ella. Participamos en el entorno que nos rodea y nos movemos, hablamos y trabajamos mecánicamente, sin darnos cuenta de lo que somos ni de la verdadera importancia de nuestra existencia. Pueden transcurrir días, meses y años, sin que nos paremos un instante a reflexionar sobre lo que somos y que hacemos aquí. Sin conocernos a nosotros mismos, sin darnos cuenta de que estamos dominados por nuestras emociones y por nuestro cerebro, condicionado a actuar como lo han educado o condicionado. Nuestras ideas, nuestros pensamientos, las convicciones, los hábitos, los defectos y las virtudes, no nos pertenecen, todo ha sido copiado. Cuando uno se da cuenta de eso, empieza a verse tal y como es en realidad, y empieza a ser consciente de sí mismo.

> «Durmiendo nunca floreció la rosa de la felicidad. ¿Por qué haces algo que está tan cerca de la muerte?»
>
> **Proverbio sufí**

Para darnos cuenta de nuestra falsa existencia, precisamos verla una vez, es decir, despertar en una ocasión. Esto puede producirse como consecuencia de un hecho anormal en nuestra vida, algo con un potente efecto emocional, como puede ser un accidente que nos lleva al borde de la muerte o la pérdida de un ser querido. Es un detonante que nos hace tomar conciencia de que lo que estamos viviendo es una falsa realidad.

Sin embargo, salir de esta existencia automatizada que nos impide vivir el aquí y ahora, sentir el presente y ser conscientes de nosotros mismos, no es una tarea fácil; existen miles de factores sociales que impiden que despertemos y que nos siguen manteniendo en un falso sueño que nos aleja de nosotros mismos.

Podemos levantarnos por la mañana, ducharnos, salir a la calle, coger un vehículo, llegar hasta nuestro lugar de trabajo, manejar datos o atender el teléfono, comer frugalmente, terminar nuestra jornada laboral, mantener un rato de tertulia con los amigos en una cafetería, regresar a casa, ver la televisión y acabar de nuevo en la cama sin que en ningún instante hayamos sido conscientes de nosotros mismos. Hemos pasado toda una jornada «dormidos». Lo lamentable es que esto sucede a lo largo de toda la vida. Con relación a esto, Gurdjieff señalaba que nos encontramos en una especie de sueño hipnótico, y que todo transcurre como si hubiera ciertas fuerzas para las que sería útil y beneficioso mantener a los seres humanos en este estado con el fin de impedir que se den cuenta de su situación.

¿Cómo despertar?

Para despertar se precisa un acontecimiento que impacte fuertemente en nuestras conciencias o unas enseñanzas que nos alerten de los condicionamientos cotidianos y de la rutina a la que estamos sometidos.

> «Los hombres son ciegos, están dormidos a causa de la rutina.»
>
> Henry D. Thoreau

Despertar implica toda una combinación de esfuerzos, una voluntad decidida y muchas inquietudes. Supone no tener miedo a enfrentarnos con nosotros mismos, con nuestro mundo interior, con nuestras emociones y con la realidad de la vida. Debemos vivir el presente para sintonizar con el mundo, con el universo. Cuando somos capaces de distinguir tanto el estado de inconsciencia como el de conciencia, es cuando empezamos a sintonizar correctamente.

Para ello, precisamos una autoobservación que nos permita vernos tal como somos. Inicialmente, el autoobservarnos, el tener conciencia de todo lo que hacemos, el vivir el presente intensamente, parece aburrido. Estudiarnos a nosotros mismos, saber qué ha motivado un determinado comportamiento o darnos cuenta de que lo que en realidad vivimos es el presente, son cuestiones que la mente aborrece, ya que le suponen un gran esfuerzo. Pero si conseguimos llevarlo a la práctica, lo que lograremos es que por primera vez seamos nosotros quienes mandemos en nuestro cerebro, y no él quien nos domine a nosotros. Insisto, al principio puede parecer aburrido, pero después iremos descubriendo una nueva realidad, un mundo más fresco y natural, un presente que transcurre con más plenitud. Si no entendemos nuestra estructura íntima, nuestra psiquis, nuestra facultad de sentir y pensar, la mecánica de nuestras emociones, ¿cómo podremos entender otras cosas?

«Nadie hace el esfuerzo suficiente para despertar.»

Robert E. Burton

El hecho de interrogarnos a nosotros mismos se convierte en algo esencial. Ante todo, debemos evitar ser un mero reflejo del entorno que nos rodea, debemos dejar de identificarnos con lo externo. Puede ocurrir que frecuentemos un lugar que no nos agrade, un lugar que sea negativo para nuestro desarrollo interior, pero si al estar allí logramos adquirir conciencia de ello y mantener el control de la situación, no nos contagiaremos por el entorno ni sucumbiremos a la mecanicidad. El esfuerzo que tenemos que llevar a cabo consiste en pasar del estado de vigilia ordinario al estado de vigilia superior.

Posiblemente, el mundo primitivo obligaba al hombre a ser mucho más conscientes que el mundo actual. El hombre primitivo vivía en un estado de alerta constante, ya que sabía que cualquier error podía significar la muerte. Era más instintivo y, posiblemente, especialmente en el caso de las mujeres, mucho más intuitivo. Vivía en un mundo libre de manipulaciones, mensajes subliminales, publicidad, condicionamientos y todo ese entorno que nos impide reflexionar sobre nosotros mismos. El entorno de la civilización actual es el que nos hace irreales, menos conscientes, más autómatas. Nos sume en un profundo letargo que nos impide apreciar la realidad de nuestro ser. Pero eso no quiere decir que debamos huir a entornos aislados o solitarios, sino que es aquí donde debemos aprender a luchar para despertar.

«¡Despierta, es la hora de morir!»

Blade Runner

Todas las filosofías y tradiciones antiguas —budismo, sufismo, hinduismo, etc.— insisten en la necesidad de recordarse a uno mismo. Si nos observamos sinceramente, nos daremos cuenta de que parte del tiempo de nuestra vida transcurre en un estado de letargo en el que no nos acordamos de nosotros ni tenemos conciencia de que existimos.

Consejos y premisas para salir de este bendito sueño

El método para el estudio de nosotros mismos es la observación. Sin la observación, un ser humano no comprenderá jamás las conexiones y las correspondencias de las diversas funciones de su cuerpo, no comprenderá jamás cómo ni por qué suceden las cosas.

Cuando uno comienza a observarse, comprende en qué se diferencian las funciones de su cuerpo, qué significa la actividad intelectual o cómo actúan la actividad emocional, la motriz, la instintiva y la intuitiva.

La autoobservación no representa un gran esfuerzo, la técnica consiste, simplemente, en dirigir la atención hacia uno mismo, sin permitir que se debilite o se eclipse para que reaparezca nuevamente la actitud de dejarnos llevar.

Autoobservarse y recordarse es todo un reto para empezar a alcanzar el estado de conciencia. Como ya hemos comentado, soñamos despiertos la mayor parte de nuestra vida, y esto es contrario al modo en que debemos vivir, ya que nuestra atención no se dirige entonces hacia una meta útil, ni tiene como fin despertar nuestras conciencias. La costumbre de soñar despiertos se debe a la pereza del centro intelectual, así como a nuestras emociones, que tienden a reproducir experiencias agradables, anteriormente vividas o imaginadas, para sumirnos en un estado de letargo constante. De ese modo, no percibimos el mundo real, que se encuentra oculto tras un muro compuesto por nuestra experiencia mental irreal.

La observación de uno mismo conduce a la constatación de que el ser humano se olvida permanentemente de su propia existencia.

Para darnos cuenta de que es el cerebro el que maneja mecánicamente el cuerpo, hagamos un simple ejercicio. Si trabajamos en una mesa de despacho, limitémonos a cambiar el teléfono de lugar. Si lo tenemos a la derecha, situémoslo a la izquierda. Nos daremos cuenta de que cuando suena tendemos a ir a buscarlo, maquinalmente, a la derecha. Esto es una demostración de nuestro modo de actuar mecánico. Al cabo de unos días, nos acostumbraremos a la nueva ubicación, y dejaremos de buscarlo en el lado derecho de la mesa. Esta sencilla prueba sirve también para recordarnos que estamos realmente ahí, en el despacho.

«¡Despierta! ¡Despierta, durmiente del país de las sombras! ¡Despierta! ¡Expándete!»

William Blake (poeta y pintor inglés)

Otra manera de salir de nuestro estado de automatismo consiste en ajustar la alarma del reloj o del teléfono móvil para que suene, por ejemplo, cada hora o cada tres cuartos de hora. Cada vez que suene, dejaremos durante un minuto la actividad que estemos realizando y nos pondremos a reflexionar sobre nosotros mismos, es decir, tomaremos conciencia de nuestra verdadera realidad en aquel momento.

Gurdjieff practicaba con sus alumnos un interesante ejercicio en la escuela de Fontainebleau-Avon. Mientras una de sus discípulas, la señora Hartmann, tocaba melodías en el piano, Gurdjieff invitaba al resto a danzar libremente por la sala; en un momento dado, en plena danza, el maestro armenio les hacía parar. Todo el mundo debía quedarse quieto en la posición en que estaba en ese momento y mantenerse así. Durante esos minutos de estatismo, Gurdjieff los invitaba a que reflexionaran, a preguntarse qué hacían allí, si les gustaba lo que estaban haciendo, si eran conscientes de todo lo que estaba sucediendo. Pasado un tiempo, la música y la danza se reanudaban.

Este comportamiento deberíamos imitarlo en muchos momentos de nuestra vida; cuando estamos paseando por la calle o cuando nos encontramos en medio de una tertulia con nuestras amistades. Indudablemente, no es necesario que nos quedemos quietos en posición estática, pero sí que nos preguntemos qué es lo que hacemos allí, si estamos a gusto, si nos gusta la relación que tenemos con las personas que están a nuestro alrededor, si estamos dominando nuestras emociones o son ellas las que nos dominan a nosotros, etc.

Estas preguntas pueden cambiarse para plantearnos otras cuestiones de tipo más profundo. Todo dependerá de nuestro estado y del grado de dominio que tengamos de nosotros mismos. Así, podemos preguntarnos si realizamos el esfuerzo necesario para dejar de comportarnos como un autómata o, por el contrario, nos domina el entorno y los yoes interiores.

En la línea de estos sencillos ejercicios, también es aconsejable que al final del día hagamos una reflexión sobre nuestros progresos y nuestros fracasos, un análisis de la jornada, una recapitulación de todo el esfuerzo realizado. Podemos plantearnos, por ejemplo, a qué hemos dedicado la jornada, cuándo hemos aprovechado más nuestro tiempo, en qué hemos fracasado, cuál ha sido el momento en el que hemos estado dormidos y por qué, qué es lo que nos ha impedido progresar...

Se trata de una serie de reflexiones que nos servirán para estudiar nuestros avances en el trabajo, y, al mismo tiempo, para descubrir en qué hemos fallado y, así, evitar que al día siguiente se produzcan los mismos errores.

Para iniciarse en el trabajo interior, conviene ser conscientes de una serie de premisas y seguirlas con fidelidad:

* Tener la convicción de que vivimos en un mundo exterior completamente irreal, adulterado, lleno de condicionamientos, manipulaciones y falsos valores.
* Tener un ardiente deseo de liberación y de alcanzar una conciencia plena.

* Tener el deseo de ser amo de nosotros mismos, controlando nuestras emociones, sentimientos y reacciones ante el mundo exterior.
* Estar dispuestos a realizar un gran esfuerzo e importantes sacrificios.
* Ser conscientes de que buscamos el despertar interior, que lo deseamos ardientemente, que queremos alcanzar un estado de vigilia permanente.
* Reconocer que todo lo que nos ayuda a despertar es bueno, y que todo lo que nos impide despertar es maquinal.
* Rechazar continuar actuando de manera mecánica en la vida.

Una vez aceptados estos principios esenciales, deberemos volcar nuestro esfuerzo en una serie de pasos con el objetivo de alcanzar el dominio de nosotros mismos, de conocernos en profundidad y de alcanzar un estado consciente. Para ello, deberemos:

* Empezar recordándonos a nosotros mismos.
* Ser conscientes de nosotros mismos en un segundo paso esencial. Recordemos que empezaremos a ser conscientes cuando nos demos cuenta de que casi nunca somos conscientes. Ser conscientes también signi-

fica dominar nuestros movimientos mecánicos, nuestra respiración y nuestros órganos.
- Luchar para no identificarnos con arquetipos. Deberemos ser nosotros mismos.
- Autoobservarnos. La autoobservación será de vital importancia para conocernos de verdad, no debemos auto engañarnos. Nos permitirá descubrir la esencia de los fenómenos y de las cosas. Saber cómo pensamos también nos permitirá aprender a pensar efectivamente.
- Buscar nuestro verdadero yo, el yo indivisible.
- Positivizar nuestras emociones, dominar nuestros sentimientos para ser libres. Tener libertad para elegir esos sentimientos y reconducir nuestras emociones.
- Y, sobre todo, vivir siempre el presente, el eterno presente, el «aquí y ahora».

Epílogo

Como ya se ha explicado en la introducción, este libro, está inspirado en diferentes maestros, entre los cuales se encuentran George Ivanovich Gurdjieff, Charles Tart, Friedrich Perls, Carl Rogers, Abraham Maslow, Roberto Assagioli, Leonard Orr, Wilhelm Reich, Eckhart Tolle y muchos otros. Todos ellos han contribuido con sus técnicas y sus consejos a fomentar el estudio de la mente humana a través de la experiencia personal, así como a que nos conozcamos más profundamente y dejemos de ser seres dirigidos caprichosamente por nuestras neuronas y conexiones cerebrales. Todos estos investigadores han pretendido algo muy simple, que seamos conscientes de nosotros mismos y que vivamos intensamente el aquí y ahora.

No cabe duda de que Eckhart Tolle, sobre el que hay que señalar que no está alineado con ninguna religión ni tradición en particular, se ha inspirado en una serie de maestros y psicólogos para resucitar uno de los aspectos fundamentales de la especie humana: la necesidad de vivir el presente y de tener conciencia de uno mismo.

Tolle renueva todos estos conceptos imprescindibles para el ser humano. No debemos olvidar tampoco que Gurdjieff fue uno de los primeros en advertirnos de nuestros condicionamientos y de nuestra mecanicidad en la vida, en insistir en que vivimos dormidos y tenemos que despertar para darnos cuenta de que cómo somos realmente. Pero las enseñanzas de Gurdjieff, el denominado Cuarto Camino, no hubieran trascendido si no llega a ser por el esfuerzo de sus discípulos, hombres como Bennett y Ouspensky, que transmitieron en sus libros todo lo que habían aprendido del maestro armenio e incluso lo ampliaron y mejoraron.

Más tarde aparecieron toda una serie de psicólogos que contribuyeron a ampliar y modernizar las ideas de Gurdjieff. Uno de ellos fue Abraham Maslow, quien habló de las «experiencias cumbre», esos instantes en los que uno está más allá de sí mismo y que otros denominan «estados iluminados». Maslow también desarrolló la idea de la necesidad de la autorrealización, el trabajo interior que hoy propone Tolle para alcanzar esa espiritualidad emergente que está cambiando el mundo y de la que ya nos había hablado también el psicólogo veneciano Roberto Assagioli, quien también se preocupó por erradicar los miedos interiores y resaltar el inconsciente colectivo en el que todos estamos unidos.

La conciencia es un tema que hemos abordado en diferentes capítulos de este libro, ya que también es un tema reiterativo en Tolle, y una de las líneas de investigación más importantes para Robert Ornstein, al igual que para Charles Tart, quien nos anuncia la existencia de una evolución de la conciencia a la que estamos sujetos todos. Pero, como ya se ha explicado a lo largo del libro, para poder ser conscientes, hay que vivir el presente, ese poderoso estado del que habla Tolle y del que ya hablaron anteriormente el maestro sufí Idries Shah y el psicólogo Claudio Naranjo. No podemos dejar de mencionar el importante trabajo realizado por Daniel Goleman en torno al papel de la emociones en todo este contexto, especialmente, el de las emociones negativas, que impiden el normal desarrollo del ser humano.

A través de las páginas de este libro hemos ido tratando todos los temas que tienen relación con nuestro interior y con el despertar de nuestra conciencia. Hemos visto cómo somos dominados por nuestras emociones y cómo uno de los caminos para desarrollar nuestro ser interior es llegar a controlarlas. También hemos visto que conociendo las emociones de los demás, podemos ayudarles. Ellas nos han llevado al mundo de la dualidad de lo positivo/negativo, así como al tema del dolor y el sufrimiento, factores que aparecen en nuestra vida y que debemos conocer en profundidad para no padecer más de la cuenta y no crear en nuestro interior traumas que arrastremos a lo largo de la vida.

También hemos recorrido el universo del miedo, ese concepto que nos sobrecoge e impide que nuestras vidas se desarrollen con absoluta normalidad. De la mano del gran psicólogo Assagioli hemos analizado el concepto «miedo» y su química, y hemos explicado cuál es la manera de desterrarlo de nuestras vidas, de qué forma podemos superar esa sensación que nos atenaza y nos impide llevar vivir con normalidad.

El estudio del ego nos ha conducido hasta esos yoes interiores que nos convierten en algo que en realidad no somos; esos diferentes yoes cargados de resentimientos, envidias y rencores. A través del mundo del ego hemos visto lo frágil que es la ilusión de la unidad, lo fácil que resulta creer lo que no somos, y la importancia de «ser más» frente a «tener más».

Todos los especialistas, psicólogos y terapeutas que hemos mencionado al inicio de este epílogo coinciden en un aspecto esencial: la necesidad de vivir el presente. Aunque parezca algo que todos hacemos, hemos visto cómo estamos muy alejados de esa realidad. No vivimos el aquí y ahora, sino que navegamos entre recuerdos del pasado e ilusiones del porvenir. Todos los especialistas insisten en la necesidad de llevar una vida consciente, de darnos cuenta de que lo que en realidad vivimos es un eterno presente. Si dominamos nuestras emociones y somos conscientes de nosotros mismos, viviremos un presente mucho más rico, una realidad única que nos hará crecer en sabiduría y en poder mental. Estos factores nos permitirán desarrollar nuestras facultades internas, alcanzar niveles de intuición que no imaginamos y relacionarnos con energías que nos ayudarán a conocer nuestro cuerpo, nuestra psiquis y el universo que nos rodea.

Siendo conscientes de nosotros mismos, podremos conectar con nuestro cuerpo interno y solucionar todos los problemas que nos puedan afectar. Sólo se trata de escuchar nuestro cuerpo, observar dónde hay resistencias y bloqueos, y dónde residen los traumas que arrastramos. La transformación que conseguiremos nos proporcionará una vida más real, armoniosa y equilibrada. Por fin, lograremos ser seres libres.

Toda esta sabiduría interior, este saber vivir el presente siendo conscientes de nosotros mismos, será sumamente beneficioso al relacionarnos con la personas que nos rodean. Reconoceremos a quienes están en niveles semejantes al nuestro y a quienes viven esclavos de sus egos y dominados por sus emociones. Para ello, tendremos que observar a los demás con otra actitud, con otro espíritu, dominando el arte de escuchar y de reconocer las emociones ajenas. También tendremos que empezar a transformar nuestra vida y a frecuentar lugares enriquecedores que nos procuren una vida más interesante, más plena, más consciente.

Si seguimos trabajando en nosotros mismos, aprenderemos la importancia que tienen nuestras decisiones, y seremos capaces de reconocer que los errores que antes atribuíamos a los demás son, en realidad, fruto de un pasado propio equivocado. También aprenderemos que los estados de ánimo negativos, al margen de ser causantes de enfermedades, sólo atraen situaciones negativas. Veremos que la visión positiva del mundo es beneficiosa para nuestra vida y para nuestro progreso.

No dejaremos de mencionar la imperante necesidad que tenemos de meditar, de estar con nosotros mismos en soledad. A mucha gente le asusta la soledad porque, en esos momentos, la mente revela la cruda realidad de la vida. Sin embargo, la soledad es uno de los mejores caminos interiores para autoconocerse, para tener conciencia de uno mismo, para reconocer nuestro verdadero yo. Y la meditación es un ejercicio inigualable, una experiencia única para desarrollar nuestro cerebro, para evolucionar. Pero es un camino en solitario, sólo lo podemos recorrer nosotros.

Si meditamos y controlamos nuestros sueños lúcidos estaremos abriendo las puertas a otras realidades, a otros universos de los que nos habla la física cuántica. Por esta razón, hemos planteado ejercicios en plena naturaleza, ya que esta nos acerca mucho más a la realidad cósmica de lo que somos y de dónde venimos.

¿Todo esto nos hará más felices? Posiblemente, al principio, al alejarnos de la vida mundana y vacía que llevamos, nos parecerá que entramos en un mundo de infelicidad; pero cuando vivamos el aquí y ahora con toda su intensidad, veremos que la felicidad es relativa, y que no se trata de ser más feliz o menos feliz, sino de «ser» simplemente.

Cuando «seamos», tendremos el poder de elegir, de escoger cómo queremos que sean nuestras vidas. Veremos que no necesitamos cambiar el mundo para ser felices, sino que basta con cambiar nuestra forma de verlo.

Todo ello nos llevará a despertar de este bendito sueño en el que estamos sumidos, tema que abordamos en el último camino recurriendo a las enseñanzas de un viejo maestro armenio que aportó interesantes conocimientos sufíes a occidente. Un maestro que insistió en la necesidad de autoobservarnos, de darnos cuenta de que vivimos dormidos y de que necesitamos despertar. Un maestro que desarrolló numerosas técnicas y ejercicios, algunas acertadas y otras superadas ya por las técnicas transpersonales, pero todas de gran valor, ya que tenían como objetivo permitirnos vivir el presente, tomar conciencia de nosotros mismos. Gurdjieff advirtió que los seres humanos se comportaban como máquinas, se movían y vivían de forma automatizada, sin darse cuenta de que respiraban, sin escuchar a su cuerpo, sin apreciar la brisa del mar y el cielo nocturno estrellado, sin ser conscientes del gran misterio de su existencia.

Aldous Huxley decía que podemos vivir y trabajar en una ciudad sin darnos cuenta del paso del sol por el cielo, sin ver nunca la luna ni las estrellas; que podías sustituir las constelaciones por los tuvos de neón de Broadway y Piccadilly.

Debemos darnos cuenta nuevamente de que respiramos, volver a sentir el aire en nuestros pulmones, a ser conscientes de que formamos parte de un todo con la naturaleza que nos rodea, a ver surgir y ponerse el sol por el horizonte, a contemplar el resplandor de la luna y a disfrutar de la visión de las estrellas que pueblan el cielo.

Apéndice 1

¿Quién es Eckhart Tolle?

Eckhart Tolle nace el 16 de febrero de 1948 en Alemania, donde vivió su adolescencia hasta mudarse a España con sus padres a la edad de 13 años. A los 20 se trasladaría a Inglaterra. Hasta esa edad su formación había consistido en estudios elementales y cursos de idiomas. En Inglaterra tuvo que asistir a la escuela nocturna para poder cumplir los requisitos académicos de acceso a las universidades inglesas. Su incorporación a la universidad le permitió licenciarse en Filosofía y Letras en Cambridge, donde se dedicó también a la investigación.

Su transformación espiritual le llega a los 29 años, tras importantes depresiones emocionales en su vida. Fue en esa época cuando se convirtió en consejero de varios maestros espirituales. Esta transformación interna representó un cambio en su vida y un nuevo rumbo en sus enseñanzas.

En 1996 se traslada a Vancouver, Canadá. Allí vive en pareja y empieza a poner por escrito sus pensamientos y experiencias, trabajo que daría como fruto los libros que pronto iban a convertirle en uno de los más importantes maestros espirituales contemporáneos. Combina la redacción de sus libros con conferencias impartidas por todo el mundo. En septiembre de 2007 asistió a Barcelona para dar una conferencia sobre «el poder del ahora» en el recinto ferial del Fòrum.

Debemos destacar que Tolle no está alineado con ninguna religión ni tradición en particular. En sus enseñanzas transmite un mensaje simple, aunque profundo, con la claridad y sencillez atemporal de los antiguos maestros espirituales.

Para Tolle, el momento presente es lo único existente, coincidiendo en este aspecto con las revolucionarias teorías de la física cuántica emergente. El ahora, es decir, el presente, enfatiza la importancia de ser conscientes del momento en que vivimos, y de no perdernos entre recuerdos del pasado e ilusiones sobre el futuro. El ahora es para Tolle una conciencia que está más allá de la mente, una conciencia que ayuda a trascender el cuerpo, el dolor, el ego y el miedo.

En sus obras, Tolle advierte del peligro que representa el diálogo interno que todo ser humano mantiene con sus diferentes yoes, ya que este diálogo le impide vivir intensamente el presente, el aquí y ahora. Para superar esta situación condicionante de la vida, Tolle aboga por la toma de conciencia: tomar conciencia de nosotros mismos, de que estamos aquí y de que no somos autómatas, de que no hacemos las cosas de una forma maquinal, de que somos nosotros quienes dirigimos nuestro cerebro y no el cerebro el que nos dirige a nosotros de una manera automática. Ser conscientes es estar en el presente, notar nuestra respiración y saber que, cuando andamos, somos nosotros quienes hemos dado instrucciones a nuestro cerebro para que las piernas se movieran.

La forma de tomar conciencia de nosotros, según Tolle, consiste en evitar los pensamientos repetitivos antiguos, esas historias que nos repetimos acerca de lo que fue o de lo que pudo ser, de hechos que ocurrieron o de momentos de dolor o pasión. Vivir el presente es, como mantienen muchos maestros en los que Tolle se ha inspirado, la única realidad humana; lo que aconsejan Gurdjieff, Maslow, Assagioli, Tart, Shah, Ouspensky, Ornstein, Varela, Naranjo y Almendro, entre otros.

Para Tolle, el esfuerzo debe centrarse en ser conscientes de nuestra relación con el momento presente. Si llegamos a este grado de conciencia, nuestra imagen del mundo y de lo que nos rodea se transforma y, poco a poco, esa transformación nos lleva a un estado de espiritualidad que teníamos olvidado en los recovecos de nuestro cerebro. Es en ese momento cuando empezamos a sentir la vida más allá de los pensamientos, cuando la naturaleza nos acaricia de una forma especial y somos uno con el universo que nos rodea.

Indudablemente, este camino de espiritualidad que anuncia Tolle pasa por el dominio de nuestras emociones, algo en lo que han insistido todos los maestros espirituales y que ya se mencionaba en los textos sagrados más antiguos del mundo: los *Upanishad* de la India.

El dominio de las emociones, como advirtió Goleman antes que Tolle, tiene como objetivo el equilibrio y la armonía de nuestro ser. Las emociones son aquella parte de nuestra mente que nos induce a actuar siempre de la forma más inesperada, y que por tanto está más alejada del control de nuestra mente. Tolle pone especial énfasis en las emociones negativas, por ser la causa fundamental de nuestros fracasos en la vida cotidiana y, también, por constituir el principal impedimento en nuestro deseo de alcanzar la realidad espiritual. El dominio de las emociones y el poder del ahora son para él los caminos que conducen a la realización espiritual. Una realización que no comparte el camino que ofrecen las religiones, ya que, en opinión de Tolle, el error de las religiones es transformar lo sagrado en las cosas mentales.

No cabe duda de que es uno de esos grandes maestros que surgen tan escasamente en nuestra sociedad. Maestros que aparecen para recordarnos el verdadero camino hacia la realización interior. Tolle no es un visionario, sólo pretende que sus seguidores vivan una experiencia nueva y sean capaces de transformar sus vidas, posiblemente adaptándose a una nueva teoría que une la psicología con la espiritualidad y con el pensamiento cuántico.

Para expresar sus ideas, el autor alemán no utiliza un vocabulario rebuscado, filosófico ni petulante; como todo buen maestro, busca la sencillez, lo que hace que sus palabras sean aceptadas como fórmulas de veracidad. Es indudable que sus libros harán cambiar a muchas personas; a otras, les recordarán los viejos caminos emprendidos por otras escuelas.

El presente se convierte en lo más importante que tenemos, ya que el pasado no importa y tampoco podemos modificarlo; lo importante es vivir correctamente el ahora. Como destaca Tolle, al vivir de este modo, muchos de nuestros problemas y preocupaciones dejan de serlo, porque empezamos a disfrutar de la alegría de vivir al instante.

Apéndice II

Los libros de Eckhart Tolle

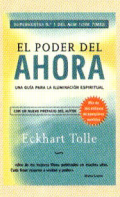

El poder del ahora

Publicado en Vancouver en 1997. Es uno de los primeros libros de Tolle y, posiblemente, el más importante de todos, ya que con esta obra, que él mismo califica como «guía para la iluminación espiritual», empieza a reivindicar la importancia del ahora, es decir, de vivir el presente. Deepak Chopra destacó este libro como uno de los mejores de los últimos años.

El poder del ahora, es una guía para la realización, una obra que se puede y se debe leer varias veces, ya que cada página nos ayuda a alcanzar la realización interior, y la relectura nos permite profundizar en ello. Se trata de un libro que tiene el poder de cambiar nuestras vidas y de despertarnos de este falso sueño en que vivimos.

Tolle aborda en este libro temas tan cruciales como la conciencia, la superación del dolor, la necesidad de vivir el ahora, los engaños que forja la mente para evitar vivir el presente, nuestra relación con la iluminación, la felicidad y el significado de la rendición. Una guía para superar el ego y los falsos yoes.

Practicando el poder del ahora

Publicado en 2001 en California. Aporta los métodos y ejercicios adecuados para aprender a alcanzar el poder del ahora. En esta obra, Eckhart Tolle enseña cómo disolver el cuerpo-dolor, cómo pasar de las relaciones adictivas a las relaciones iluminadas, la aceptación del ahora y la transformación de la enfermedad y el sufrimiento. Sigue la línea de *El poder del ahora,* pero expresa un mensaje que va más allá de las palabras y que conduce a un lugar, fuera del pensamiento, donde desaparecen los problemas mentales que nosotros mismos hemos creado. Este libro habla de una transformación profunda de la conciencia humana con el fin de alcanzar un estado de conciencia iluminada y de ser capaces de mantenerlo en la difícil vida cotidiana.

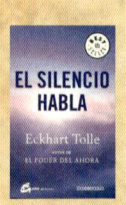

El silencio habla

Publicado en 2003 en California. A lo largo de esta obra se insiste en la búsqueda interior de la verdadera realidad. Para ello, el autor se basa en el silencio y la quietud, ese estado que alcanzamos cuando vamos más allá de la mente pensante. Tolle aborda los yoes separados que pululan en nuestro cerebro, el ahora como tema primordial de sus enseñanzas, el verdadero ser y, nuevamente, la aceptación y la rendición. También profundiza en el tema angustioso, para muchos, de la muerte y la eternidad, y finaliza con el tema de la superación del sufrimiento.

A través de este libro, Tolle pretende que conectemos con la quietud interna, alejándonos de la ajetreada actividad mental y de las emociones dominantes. Se trata de encontrar la serenidad y la alegría.

Un libro que nos ofrece las enseñanzas fundamentales de Tolle a través de breves sentencias fáciles de comprender y con un gran valor educativo.

Un nuevo mundo, ahora

Publicado en 2005 en Estados Unidos. Se trata de una auténtica guía para encontrar el propósito de nuestras vidas. Tolle nos recuerda que vivimos en una época en la que está floreciendo la conciencia humana y que esto nos exige una transformación urgente. Insiste en los peligros del ego desencadenante del olvido del ser. Hace un recorrido por el cuerpo-dolor y describe las fórmulas para librarse de esta situación. También insiste en la necesidad de conocernos a nosotros mismos, de descubrir quiénes somos en realidad, y en cómo podemos entrar en nuestro verdadero espacio interior. Una obra que hace mucho hincapié en los cambios de nuestro tiempo, en el nuevo mundo que emerge con una mentalidad más espiritual y más unificada. Para Tolle, se nos está ofreciendo la oportunidad de construir un mundo mejor, pero, para conseguirlo, tendremos que revisar el papel de nuestra conciencia, que, lamentablemente, está muy identificada con el ego.

Todo el libro es en definitiva una arenga que tiene como finalidad hacer que nuestras estructuras mentales experimenten una transformación que se acabe reflejando en nosotros mismos y en el mundo que nos rodea. Para convencernos de la necesidad de esta transformación, Tolle no duda en describir cómo funciona nuestro ego y cómo podemos superarlo alcanzando un nuevo estado de conciencia.

Eckhart Tolle en Barcelona

Este pequeño libro acompañado de DVD es el resumen de la conferencia impartida por Tolle en Barcelona, en el recinto del Fòrum, en septiembre de 2007, sobre «el poder del ahora».

Cabe destacar que acudieron al acto alrededor de 1.200 personas que siguieron con absoluto interés las palabras del autor sobre la transformación de la conciencia humana en el momento presente.

Una conferencia impartida con sencillez, humor y un correcto castellano. Tolle transmitió un mensaje de esperanza y esbozó el camino para la transformación de la vida en el aquí y ahora, destacando la importancia de vivir el momento mágico del presente.

Apéndice III

Los grandes maestros

A continuación se exponen los principales psicólogos y maestros que precedieron a la obra de Tolle y marcaron los pasos de su inspiración espiritual.

Bennett, John C.
Discípulo y biógrafo de G. I. Gurdjieff. Fundó el Instituto de Estudios Comparativos de Historia, Filosofía y Ciencias para divulgar las enseñanzas y la obra de su maestro.
Bibliografía: *Gurdjieff: haciendo un mundo nuevo*, *Estudios sobre el eneagrama*.

George Ivanovich Gurdjieff
Nació alrededor de 1872 en Alexandrópolis, Armenia. Dominaba varios idiomas (francés, chino, tártaro, inglés y ruso). Se interesó por lo que en la época denominaban parapsicología, y viajó por múltiples países en busca de una «enseñanza perdida». Trabajó pluriempleado y merced a su personalidad arrolladora consiguió financiación para sus proyectos metafísicos. Viajó a Gobi con los Buscadores de la Verdad en busca de lugares utópicos como Agartha, y de libros sagrados como *Dzyan*. También tuvo contactos con los lamas del Tíbet y con determinados grupos sufíes, de los que extrajo la mayor parte de su enseñanza. Durante sus viajes por Europa contactó con los especialistas esotéricos del Tercer Reich. Fundó en París, en Fontainebleau-Avon, una escuela conocida como el Cuarto Camino, cuyo objetivo era alcanzar el despertar y la toma de conciencia, ya que para este maestro armenio los seres humanos somos autómatas condicio-

nados, no vivimos el presente y estamos manipulados por diversos yoes internos. Murió el 19 de octubre de 1949.

Bibliografía: *Del todo y de todo, Relatos de Belcebú a su nieto, Encuentros con hombres notables, Perspectivas desde el mundo real*.

Goleman, Daniel

Es ex director de la revista *Psychology Today* y redactor científico del *New York Times*. Pasó varios años en la India estudiando diversos métodos de meditación. Ha impartido cursos sobre meditación en la Universidad de Harvard. También escribe sobre psicología en el *New York Times*. Es autor de *La meditación y los estados superiores de consciencia* y de *Los caminos de la meditación;* ambos libros son guías de meditación que conducen al lector a través de la Cábala, el sufismo, la meditación trascendental, el yoga, el budismo, el zen, Krishnamurti y la alteración de los estados de conciencia durante la meditación.

Su última obra, *Inteligencia emocional*, marcó una revolución científica que acabó con la dictadura del coeficiente intelectual (CI). Esta obra vincula el éxito personal a la capacidad de ser feliz y de controlar las emociones.

Bibliografía: además de las obras anteriormente citadas, cabe destacar *El punto ciego*.

Maslow, Abraham H.

Nace en Nueva York en 1908 y muere en 1970. Impartió psicología en el Brooklyn College y en la Universidad Brandeis. Aunque no realizó ninguna aportación destacable respecto a los aspectos prácticos de la psicología transpersonal, su influencia ha sido decisiva en este campo, ya que insistió en que las «experiencias cumbre» constituyen la clave para adentrarse en el dominio de lo espiritual. Estas son experiencias privilegiadas en las que cada uno de nosotros es llevado más allá de sí mismo, ya sea por la vía estética, la intelectual, la erótica, la religiosa o la cotidiana.

En l969 fundó la Asociación de Psicología Transpersonal, con Carls Rogers, Viktor Frankl, Anthony J. Sutich, Stanislav Grof, Jim Fadiman y otros, así como la *Journal of Transpersonal Psychology*.

Es cofundador y uno de los grandes exponentes de la psicología humanística, que antepone el estudio del individuo sano al de sus patologías. Dio luz al concepto de la autorrealización, identificándolo como una de las necesidades básicas del ser humano, que requiere conocerse a uno mismo y vivir una vida con autenticidad. Compartió amistad con Aldous Huxley, Alfred Adler y Erich Fromm, entre otros muchos. Trabajó entre 1962 y 1970 en la promoción del Instituto Esalen.

La autorrealización significaba para Maslow la potenciación individual de la su salud y de las facultades personales. Sus estudios sobre autorrealización han servido para ampliar los campos de la psicología, la educación, la sanidad, la teología y la orientación profesional. La vida merece la pena de ser vivida con plenitud. Maslow considera que lo que consideramos norma en psicología es en realidad una psicopatología de lo cotidiano tan poco espectacular y tan ampliamente extendida que ni nos damos cuenta de ella. Es decir, lo que consideramos como «normalidad» puede ser una forma de desarrollo estancado.

Bibliografía: *Motivation and personality*, *El hombre autorrealizado*, *Religions, Values and Peak Experiences*, *La personalidad creadora*.

Assagioli, Roberto

Nació en Venecia (27-02-1888), murió en Capolona, provincia de Arezzo (23-08-1974). Se doctoró en medicina en la Universidad de Florencia (1910), se especializó en psiquiatría y se dedicó a la psicoterapia. Formado en la escuela de Freud, fue uno de los pioneros del psicoanálisis en Italia. Pero en 1911 formuló serias objeciones a las enseñanzas del maestro y señaló sus limitaciones y deficiencias. Para Assagioli, el psicoanálisis, como doctrina para el estudio de los problemas humanos, no es incorrecto, pero sí parcial e incompleto. Fue muy crítico respecto a la falsa idea de Freud acerca de la dimensión espiritual de la vida humana. En 1926 desarrolló la praxis psicológica denominada Psicosíntesis. Su mapa de la personalidad humana tiene alguna similitud con el sistema psicológico de Jung, ya que respeta la espiritualidad y el concepto de inconsciente colectivo.

En 1911 funda la revista *Psyche*. En 1926 expone sus conceptos sobre la interacción psique-cuerpo que constituirán la base de la medicina psicosomática. También en 1926 funda en Roma el Instituto de Cultura y Terapia Psíquica, llamado más tarde Instituto Psicosíntesis.

Ha descrito diversas fases del desarrollo transpersonal y sus crisis, así como formas más adecuadas para afrontarlas. Puede ser considerado un pionero del movimiento transpersonal.

Bibliografía: *Psychosynthesis: A New Method of Healing*, *The Act of Will*, *Ser transpersonal*.

Ouspensky, Peter Demianovich

Nace en Moscú en 1878, muere en Inglaterra en 1947. Fue uno de los discípulos de G. I. Gurdjieff; destacó como pensador original y expuso sus propias teorías. Conoció a Gurdjieff en 1915 y estudió bajo su dirección ocho años. Matemático que intentó una síntesis de un sistema de pensamiento coherente y de la ciencia matemática, el misticismo y la religión.

Bibliografía: *Fragmentos de una enseñanza desconocida*, *Tertium Organum*, *Un nuevo modelo de universo*, *Psicología de la posible evolución del hombre*, *La consciencia: una búsqueda de la verdad*.

Ornstein, Robert

Es presidente del Instituto para el Conocimiento Humano y profesor del centro médico de la Universidad de California. Robert Ornstein es uno de los más destacados investigadores del funcionamiento de la mente. En muchas ocasiones se vale de cuentos sufíes y de su amistad con el fallecido Idries Shah para ilustrar sus libros y transmitir sus conocimientos. Sus tesis son transpersonales, ya que sugiere que «la conciencia humana no surge a partir de la organización cerebral, pero ha de desarrollarse dentro de cada uno», o «que ya no habrá más evolución en el ser humano sin una evolución de la conciencia».

Bibliografía: *La psicología de la conciencia*. *Psychology: The Study of Human Experience*, *Multimind*, *La evolución de la conciencia: Los límites del pensamiento racional*.

Tart, Charles

Tart es una autoridad mundial en el estudio de la conciencia humana. Fue profesor de psicología en la Universidad de California, Berkeley, y ha trabajado especialmente en el campo de la psicología transpersonal. Una de sus primeras obras es precisamente *Psicología transpersonal*, en ella estudia los estados de conciencia y las experiencias espirituales, realizando un extenso recorrido a través de la enseñanza zen, el budismo, la psicología yoga, Gurdjieff, el entrenamiento Arica y la magia. También ha basado parte de su trabajo en el aikido y en el budismo. Tart ha estudiado las antiguas doctrinas del maestro armenio George I. Gurdjieff y en el libro *El despertar del Self* aborda sus enseñanzas. En esta obra propone una alternativa al estado de sonambulismo en el que está sumido el ser humano.

Tart se alinea con los maestros espirituales de la tradición Perenne, que consideran el estado de normalidad como un estado de adormecimiento en el que el verdadero "uno mismo", el Self, se encuentra coartado, y el potencial humano, reprimido.

Bibliografía: *El despertar del Self*, *Psicología transpersonal*.

Shah, Idries

Es uno de los maestros sufíes contemporáneos más importantes. Sus enseñanzas han servido de base a muchos investigadores transpersonales. Nace en 1924 en Simla (India), es miembro de la familia de los sayeds, del clan hachemita, que agrupa a los descendientes de Mahoma. Su familia se establece en Afganistán. Ha residido en Londres hasta su muerte y ha sido considerado como uno de los mayores divulgadores del sufismo. También impartió clases y ponencias en diversas universidades. Falleció en 1997.

Bibliografía: *Los sufís*, *El camino sufí*, *Aprender a aprender*, *Un escorpión perfumado*, *Magia oriental*, *La enseñanza secreta de la magia*, *Cuentos de los derviches*, *La exploración dérmica*, *El libro del Libro*, *Caravana de sueños*, *El monasterio mágico*.

Bibliografía

Almendro, Manuel. *Psicología y psicoterapia transpersonal*. Barcelona, Editorial Kairós, 1994.
Assagioli, Roberto. *El acto de voluntad*. México, Editorial Trillas, 1989.
Assagioli, Dass, Laing, y otros. *El poder curativo de las crisis*. Barcelona, Editorial Kairós, 1992.
Assagioli, Roberto. *Ser transpersonal*. Madrid, Gaia Ediciones, 1993.
Bamdler, y Grinder. *Use su cabeza, para variar*. Santiago de Chile, Editorial Cuatro Vientos, 1988.
Blaschke, Jorge. *El cuarto camino de Gurdjieff*. Madrid, Ediciones Contraste, 1993.
Blaschke, Jorge. *Vademécum de la meditación*. Barcelona, Ediciones La Tempestad, 1996.
Blaschke, Jorge. *Tú lo puedes todo. Introducción a la psicología transpersonal*. Gerona, Ediciones Tikal, 1996.
Blaschke, Jorge. *Meditación práctica*. Barcelona, Editorial Grijalbo, 2004.
Blaschke, Jorge. *Vendiendo a Dios*. Barcelona, Ediciones Robinbook, 2004.
Blaschke, Jorge. *Más allá de lo que tú sabes*. Barcelona, Ediciones Robinbook, 2008.
Blaschke, Jorge. *Somos energía*. Barcelona, Ediciones Robinbook, 2008.
Bobrow, Robert. *El médico perplejo: casos que la medicina (aún) no explica*. Barcelona, Alba Editorial, 2007.
Burton, Robert. *El recuerdo de sí*. Buenos Aires, Editorial Kier, 1994.
Capra, Fritjof. *Las conexiones ocultas: implicaciones soicales, medioambientales, económicas y biológicas de una nueva visión del mundo*. Barcelona, Editorial Anagrama, 2002.
Casado, Luis. *La nueva pareja*. Barcelona, Editorial Kairós, 1991.
Chopra, Deepak. *Curación cuántica*. Barcelona, Plaza & Janés, 1991.
Cleary, Thomas. *Observando la mente*. Málaga, Editorial Sirio, 1996.
Day, Laura. *La intuición eficaz*. Barcelona, Ediciones Martínez Roca, 1997.
Dispenza, Joe. *Desarrolla tu cerebro*. Madrid, Editorial Palmyra, 2008.
Deshimaru, Taisen. *La práctica del zen*. Barcelona, Editorial Kairós, 1979.
Deshimaru, e Ikeme. *Zen y autocontrol*. Barcelona, Editorial Kairós, 1990.
Dossey, Larry. *Tiempo, espacio y medicina*. Barcelona, Editorial Kairós, 1986.
Fergunson, Marilyn. *La conspiración de Acuario*. Barcelona, Editorial Kairós, 1985.
Fergunson, Marilyn. *La revolución del cerebro*. Madrid, Editorial Heplada, 1991.
Ferrucci, Piero. *Psicosíntesis*. Málaga, Editorial Sirio, 1987.
From, Erich. *El miedo a la libertad*. Barcelona, Piados, 1986.
Goldstein, Joseph. *La experiencia del conocimiento intuitivo*. Alicante, Ediciones Drama, 1995.
Goleman, Daniel. *Los caminos de la meditación*. Barcelona, Editorial Kairós, 1986.
Goleman, Daniel. *La meditación y los estados superiores de consciencia*. Málaga, Editorial Sirio, 1990.
Goleman, Daniel. *Inteligencia emocional*. Barcelona, Editorial Kairós, 1996.
Goleman, Daniel. *La salud emocional*. Barcelona, Editorial Kairós, 1997.
Graf Dürckheim, Karlfried. *El maestro interior*. Bilbao, Ediciones Mensajero, 1992.
Griscom, Chris. *Sanar las emociones*. Barcelona, Ediciones Luciérnaga, 1991.

Grof, Vaughan, White, Varela, y otros. *La evolución de la conciencia.* Barcelona, Editorial Kairós, 1993.
Grof, y Christiene. *La tormentosa búsqueda del ser.* Barcelona, Los Libros de la Liebre de Marzo, 1995.
Grof, y Laszlo. *La revolución de la conciencia.* Barcelona, Editorial Kairós, 2000.
Kornfield, Jack. *Camino con corazón.* Barcelona, Los Libros de la Liebre de Marzo, 1997.
Hanh, Thich Naht. *Cómo lograr el milagro de vivir despierto.* Barcelona, CEDEL, 1981.
Hanh, Thich Naht. *Hacia la paz interior.* Barcelona, Plaza & Janés, 1992.
Hanh, Thich Naht. *El florecer del Loto.* Madrid, Editorial Edaf, 1996.
Huxley, Aldous. *Las puertas de la percepción.* Barcelona, Editorial Edhasa, 1977.
Huxley, Maslow, Wats, Wilber, y otros. *La experiencia mística.* Barcelona, Editorial Kairós, 1979.
Jung, Campbell, Wilber, Dossey, y otros. *Encuentro con la sombra.* Barcelona, Editorial Kairós, 1992.
Jung, Freud, Chopra, Naranjo, y otros. *¿Quién soy yo?* Barcelona, Editorial Kairós, 1994.
Lawlis, Frank. *Medicina transpersonal.* Barcelona, Kairós, 1999.
Levine, Stephen. *Sanar en la vida y en la muerte.* Madrid, Los Libros del Comienzo, 1995.
Martín, Consuelo. *Conciencia y realidad.* Madrid, Editorial Trotta, 1998.
Martín, Consuelo. *Discernimiento.* Madrid, Editorial Trotta, 2006.
Martín, Paul. *Enfermar o curar por la mente.* Madrid, Editorial Debate, 1997.
Maslow, Abraham. *El hombre autorrealizado.* Barcelona, Editorial Kairós, 1972.
Maslow, Abraham. *La personalidad creadora.* Barcelona, Editorial Kairós, 1983.
Nicoll, Maurice. *Comentarios psicológicos sobre la enseñanza de Gurdjieff y Ouspensky.* Buenos Aires, Editorial Kier, 1972.
Ornstein, Robert. *Psicología de la conciencia.* Madrid, Editorial Edaf, 1993.
Ornstein, Robert. *La evolución de la conciencia.* Barcelona, Editorial Emecé, 1994.
Ouspensky, Peter Demianovich. *Fragmentos de una enseñanza desconocida.* Buenos Aires, Editorial Ghanesa, 1968.
Petit, Narie. *La terapia gestalt.* Barcelona, Editorial Kairós, 1986.
Punset, Eduard. *El alma está en el cerebro.* Madrid, Editorial Aguilar, 2006.
Reich, Wilhelm. *El análisis del carácter.* Barcelona, Editorial Piados, 1980.
Rogers, Carl. *El camino del ser.* Barcelona, Editorial Kairós, 1987.
Rowan, John. *Lo transpersonal.* Barcelona, Los Libros de la Liebre de Marzo, 1996.
Sinkh Khalsa, Dharma. *La meditación como medicina,* Barcelona, Editorial Diagonal del Grupo 62, 2001.
Tart, Charles. *El despertar del Self.* Barcelona, Editorial Kairós, 1989.
Tart, Charles. *Psicología Transpersonal.* Barcelona, Editorial Piados, 1994.
Tolle, Eckhart. *El poder del ahora.* Madrid, Gaia Ediciones, 1997.
Tolle, Eckhart. *Practicando el poder del ahora.* Madrid, Gaia Ediciones, 2001.
Tolle, Eckhart. *El silencio habla.* Madrid, Gaia Ediciones, 2003.
Tolle, Eckhart. *Un nuevo mundo, ahora.* Barcelona, Ramdom House Mondadori, 2005.
Tolle, Eckhart. *La nueva conciencia.* Madrid, Gaia Ediciones, 2007.
Weil, Andrew. *La curación instantánea.* Barcelona, Círculo de Lectores, 1996.
Wilber, Ken. *La conciencia sin fronteras.* Barcelona, Editorial Kairós, 1985.
Wilber, Ken. *El proyecto Atman.* Barcelona, Editorial Kairós, 1989.
Wilber, Ken. *Una visión integral de la psicología.* México, Alamah, 2000.
Wilber, y otros. *¿Qué es la iluminación?* Barcelona, Editorial Kairós, 1988.
Wilber, Huxley, Tart, Grof, Capra, Goleman, y otros. *Trascender el ego.* Barcelona, Editorial Kairós, 1994.
Zehentbauer, Josef. *Drogas endógenas.* Barcelona, Ediciones Obelisco, 1995.
Zinder, Solomon H. *Drogas y cerebro.* Barcelona, Prensa Científica, 1992.

Colección: **swing**

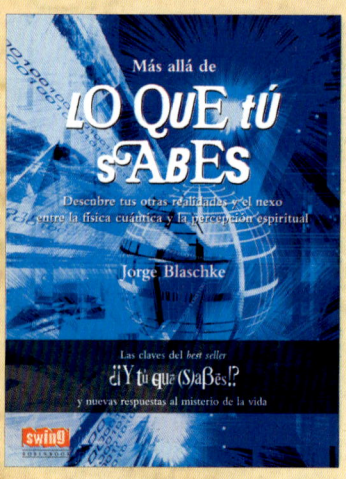

Más allá de lo que tú sabes
Jorge Blaschke

Las claves del *best seller* ¿Y tú qué sabes?, y nuevas respuestas al misterio de la vida.
Adentrándose en estas áreas del conocimiento, este libro plantea respuestas, abre nuevas incógnitas y dibuja caminos a seguir para resolver esos interrogantes. El autor, pretende que el lector se plantee una reflexión sobre sí mismo y el mundo que lo envuelve, y para ello desarrolla planteamientos existenciales que han sido muy bien tratados por diversas corrientes filosóficas, pero sobre los que no existe actualmente consenso en el ámbito científico; asimismo, nos expone los principios de la mecánica cuántica.

Impreso a todo color.

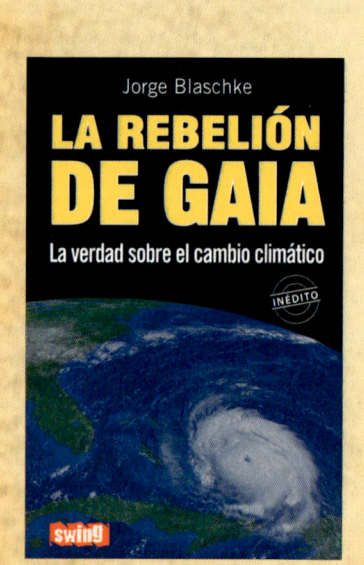

La rebelión de Gaia
Jorge Blaschke

¿Qué podemos hacer para salvar la Tierra? ¿A qué nos enfrentamos cuando hablamos del cambio climático?
La sexta extinción está cerca. Son muchos los científicos que lo afirman: ciclones, tornados, huracanes, tsunamis, olas de calor, enormes sequías…
Libre del peso de intereses políticos, empresariales o económicos; sin multinacionales a su espalda filtrando la conveniencia o no de reflejar los datos que encontrará el lector en estas páginas, Blaschke recopila ante sus ojos la verdad desnuda, con explicaciones científicas inteligibles. Es la lucha de todos.

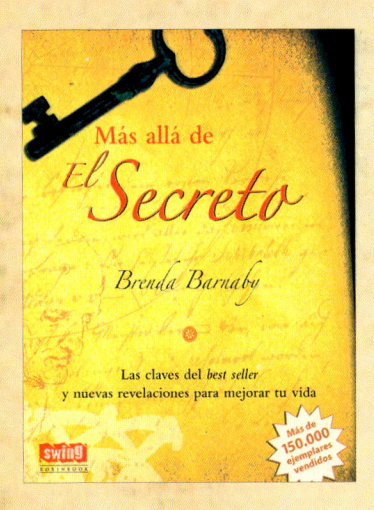

Más allá de El Secreto
Brenda Barnaby

Las claves del *best seller* y nuevas revelaciones para mejorar tu vida.
Es más que un libro, es una revelación, una oportunidad única de transformar nuestras vidas. Todas las claves del aclamado mensaje de Rhonda Byrne en *El Secreto* son aquí desveladas para que cada uno acceda a su propia vía de superación personal y alcance mayores cotas de éxito y bienestar gracias a un conocimiento adecuado de su poder mental. La autora no sólo va un poco «más allá de El Secreto», sino que pone a nuestro alcance toda su sabiduría sobre las leyes esenciales del mentalismo.

Una de las aportaciones más útiles de esta obra es la recopilación de consejos y métodos de superación personal elaborados por los mejores expertos actuales en pensamiento positivo, presentados aquí de forma sencilla y ordenada.

Impreso a todo color.

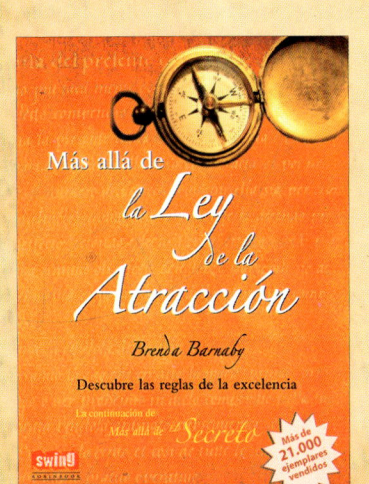

Más allá de la Ley de la Atracción
Brenda Barnaby

¡Tú puedes alcanzar la abundancia por medio del poder de la atracción!
En este libro encontrarás la forma de aplicar el poder de la Ley de la Atracción para obtener lo que ambicionas. No se trata de magia ni de esoterismo, sino de la aplicación de ciertas normas científicas que rigen el Universo.

Tampoco necesitarás hacer ningún gran esfuerzo para alcanzar la prosperidad y el bienestar que siempre has deseado. Sólo tienes que leer detenidamente cada capítulo, aceptar sus contenidos y seguir sus consejos. La Ley de la Atracción te dará entonces todo lo que le pidas.

Impreso a todo color.

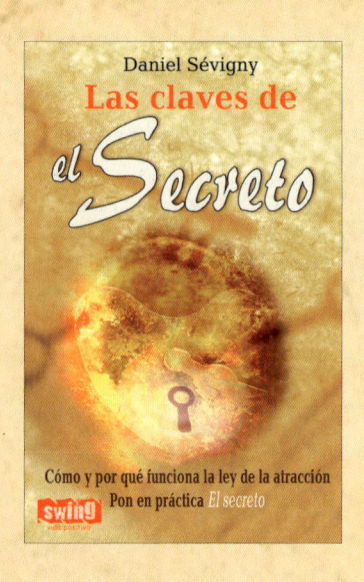

Las claves de el Secreto
Daniel Sévigny

¡Cambia tu manera de pensar y de vivir!
El mensaje que Rhonda Byrne hizo llegar a millones de lectores de todo el mundo a través de su *best seller* mundial El secreto no podía quedar en el tintero. De ahí que Daniel Sévigny se haya propuesto en este libro pasar del conocimiento de la ley a su puesta en práctica. La gestión del pensamiento que nos propone el autor consiste en una serie de consejos y métodos de superación personal para aplicar la ley de la atracción de manera cotidiana en nuestro día a día. Pero para llegar a este punto ¡hay que saber pensar!, ya que a menudo cargamos con el peso negativo de nuestros pensamientos, consciente o inconscientemente, y todo lo que vivimos en nuestro interior se refleja de una u otra manera en el exterior.

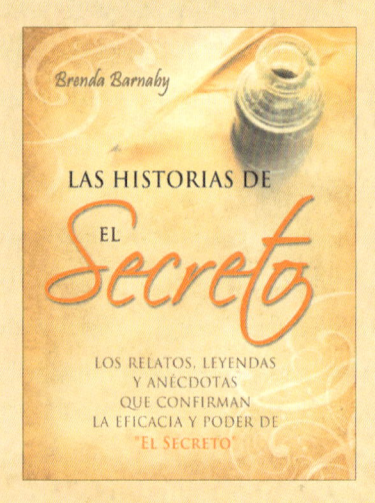

Las historias de *El Secreto*
Brenda Barnaby

Los relatos, leyendas y anécdotas que confirman la eficacia y el poder de "*EL SECRETO*".
Desde la más remota antigüedad diversas culturas han testimoniado esta presencia de la fuerza de *EL SECRETO*, a través de sus creencias, tradiciones y leyendas. Este libro recoge esos testimonios, desde las más antiguas comunidades humanas hasta la actualidad. Cada uno de los capítulos de este libro consiste en una breve introducción sobre el tema, varias historias alusivas de diversa extensión, con un comentario al final de cada una, acompañadas de citas y frases célebres de distintas personalidades o de textos sagrados, morales, o filosóficos.

Impreso a todo color.

Encuadernación en tela con sobrecubierta
Impreso a todo color.

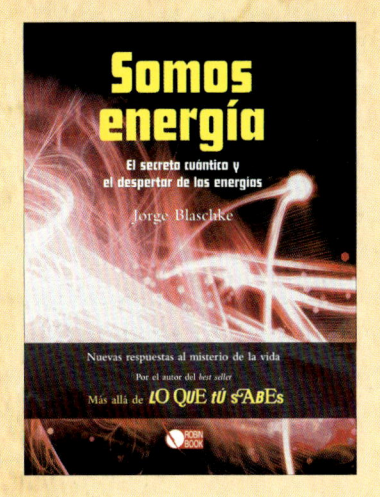

Somos energía
Jorge Blaschke

El secreto cuántico y el despertar de las energías.
Después de la excelente acogida de *Más allá de lo que tú sabes*, Jorge Blaschke, experto en psicología transpersonal, nos explica los últimos descubrimientos científicos de la física cuántica, la química, las neurociencias y las ciencias del comportamiento para identificar los mecanismos que nos permiten aprovechar las energías (las propias y las del entorno) para alcanzar nuestros objetivos, tanto personales como sociales y de salud.

Encuadernado en tela - Ilustrado a todo color.

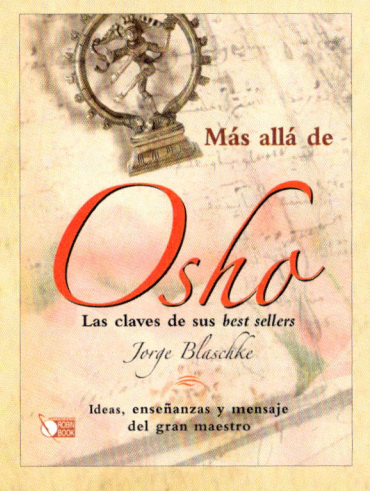

Más allá de Osho
Jorge Blaschke

Las claves de sus *best sellers*.
Ideas, enseñanzas y mensaje del gran maestro. Esta obra es una verdadera iniciación al conocimiento de su mensaje, sus páginas pretenden ir más allá del legado del gran maestro y nos descubren que nosotros mismos podemos entrar en armonía con el Universo a través de la meditación, una fórmula para buscar en nuestro interior la verdadera realidad. Una verdad que debemos encontrar por nuestros propios medios y no aceptar sin más lo que otros proclaman.

Encuadernado en tela - Ilustrado a todo color.